Jürgen Janewers, Diakon, geboren 1967 in Paderborn. Studium des Eisenbahnwesens und der Betriebswirtschaftslehre in Mainz und Rendsburg; theologische Fortbildungen in Würzburg und Kassel. Seit 1990 verschiedene Tätigkeiten in Eisenbahnunternehmen, in der Bundesverkehrsverwaltung sowie im Non-Profit-Bereich. 2017 Abschluss des Masterstudiengangs Logistics Management an der SRH Hochschule für Logistik und Wirtschaft in Hamm (Westfalen).

Jürgen Janewers

Auswirkungen von Logistik 4.0 auf das Controlling

www.tredition.de

© 2017 Jürgen Janewers

Verlag: tredition GmbH, Hamburg

ISBN
Paperback   978-3-7439-8609-1
Hardcover   978-3-7439-8610-7
e-Book   978-3-7439-8611-4

Printed in Germany

Inhaltsverzeichnis

1. Einleitung

Die fortschreitende Entwicklung der Informationstechnik eröffnet für nahezu alle Bereiche in Wirtschaft und Gesellschaft neue Anwendungsmöglichkeiten. Als Oberbegriff wird in diesem Zusammenhang von Industrie 4.0 gesprochen. Für einzelne Bereiche wurden aus dieser Bezeichnung weitere Oberbegriffe geschaffen, so zum Beispiel Management 4.0, Logistik 4.0 und Controlling 4.0. Dabei soll der Zusatz „4.0" auf eine durchgängige flächenmäßige Digitalisierung und Vernetzung in allen Bereichen hinweisen („digitale Transformation"). Die Logistik hat dabei nicht nur im Rahmen der Digitalisierung, sondern auch bei strategischen Entscheidungen zunehmend an Bedeutung gewonnen.[1]

1.1. Einführung

Das Controlling gehört zu den Unternehmensfunktionen, die Entscheidungen der Unternehmensführung unmittelbar unterstützen. Die digitale Transformation wird i.d.R. mit verschiedenen IT-Projekten realisiert, die Veränderungen im Bereich Rechnungswesen / Controlling zur Folge haben.

Veränderungen im technischen Bereich und daraus resultierende Auswirkungen für die Unternehmensführung sind eine permanente Erscheinung. Die Entwicklungen im IT-Bereich führen allerdings zu Veränderungen in immer kürzeren Zeitabständen.[2] Dadurch wird es auch zunehmend schwerer, langfristige Strategien zu entwickeln, da die für die strategischen Entscheidungen maßgeblichen Prämissen (z.B. Marktumfeld, Wettbewerbsbedingungen) ebenfalls einer schnellen bzw. häufigen Veränderung unterliegen.[3] Die sich hieraus ergebenden möglichen Konsequenzen für das Controlling sollen im Rahmen dieser Arbeit analysiert werden.

---

[1]Vgl. Gleißner & Möller, 2009, S. 225.
[2]Vgl. Brühl, 2015, S. 12.
[3]Vgl. Brühl, 2015, S. 158.

Der Fokus dieser Arbeit liegt im Bereich Controlling. Die Ausführungen zur Logistik beschränken sich deshalb i.W. auf den Bereich von Logistikdienstleistern. Dabei soll u.a. folgenden Fragestellungen nachgegangen werden:

- Welche Änderungen ergeben sich bei den Controllingprozessen und Controllingaufgaben ?
- Welche Bedeutung hat Big Data für das Controlling und welche Herausforderungen ergeben sich daraus ?
- Wie ist die Controllingfunktion zukünftig innerhalb der Unternehmensorganisation einzuordnen ?
- Welche Anforderungen werden zukünftig an den Controller gestellt ?
- Wie ändert sich dabei die Rolle des Controllers ?
- Inwiefern wirken sich die Veränderungen im Controlling auch auf andere Unternehmensbereiche aus ?

1.2. Herangehensweise

Zu Beginn der Untersuchung werden in den Kapiteln 2 und 3 einige Grundlagen zur Unternehmensfunktion Controlling, zu den Merkmalen und Ausprägungen von Logistik 4.0 am Beispiel des Schienengüterverkehrs der Deutschen Bahn AG sowie zu Big Data dargestellt, bevor dann in Kapitel 4 die Auswirkungen auf einzelne Bereiche des Controllings untersucht und mögliche Lösungsansätze aufgezeigt werden. Da das Controlling nicht losgelöst von anderen Unternehmensfunktionen betrachtet werden kann, werden in Kapitel 5 noch weitere Bereiche behandelt, die von den Veränderungen im Controlling ebenfalls betroffen sein können.

Die Konzentration dieser Arbeit auf die Auswirkungen für das Controlling als Unternehmensfunktion erfordert es, dass einzelne Themenbereiche (z.B. zur Situation des Logistikmarktes, zu technischen Lösungsmöglichkeiten und zum Change Management) nicht berücksichtigt werden können.

Da für die Untersuchung keine unternehmensinternen Daten zur Verfügung standen, stützt sich die Arbeit auf eine Auswertung der Fachliteratur sowie auf allgemein zugängliche Veröffentlichungen.

2. Grundlagen und Rahmenbedingungen

2.1. Controlling als Unternehmensfunktion

Das Controlling ist als eigenständige Unternehmensfunktion erst seit den 1950er Jahren in Deutschland verbreitet.[4] Seitdem haben sich Aufgabeninhalte und Selbstverständnis des Controllers verändert. Waren Controller zunächst noch eng mit dem Rechnungswesen bzw. mit der Buchhaltung verbunden, wandelte sich die Aufgabe zunehmend zu einer beratenden Funktion.[5] Zudem hat die Entwicklung der IT dazu beigetragen, Standard-Controllingprozesse (z.B. monatliches Berichtswesen) zu beschleunigen und die Möglichkeiten des Controllers zu erweitern (z.B. Erstellung von Sonderauswertungen).[6] Die Beschleunigung von Standard-Controllingprozessen ermöglicht eine frühzeitige Bereitstellung von Informationen als Entscheidungsgrundlage. Im Kontext der Globalisierung wird das Controlling international agierender Unternehmen durch die IT maßgeblich unterstützt (z.B. bei der Vereinheitlichung von Prozessen und Dateninhalten) und optimiert die Steuerungsmöglichkeiten international tätiger Unternehmen.

Obwohl es in der Wissenschaft kein einheitliches Verständnis des Controllings gibt,[7] finden sich in der Literatur einige übereinstimmende Merkmale:[8]

- Bereitstellung von Informationen
- Planung
- Analysen
- Handlungsempfehlungen
- Risikomanagement.

[4]Vgl. Lingnau, 1999, S. 83.
[5]Vgl. Dierolf et al., 2011, S. 30.
[6]Vgl. Prenzler, 2011, S. 148 f.
[7]Vgl. Schlüter, 2009; S. 7.
[8]Vgl. z.B. Schlüter, 2009, S. 10, 14 ff., Krupp, 2016, S. 56, Gleich, 2013, S. 36.

Die Ausprägung dieser Merkmale lassen sich nach Dahlhaus[9] verschiedenen Controllingkonzepten zuordnen:

Konzept	Beschreibung / Inhalte
koordinationsorientiert	innerbetriebliche Koordination verschiedener Unternehmensbereiche
informationsorientiert	Aufbereitung und Bereitstellung von Informationen für Entscheidungsträger
rationalitätsorientiert	Sicherstellung rationaler Entscheidungen
reflexorientiert	Reflexion von Entscheidungen

Abbildung 1: Controllingkonzepte (eigene Darstellung auf Grundlage von Dahlhaus, 2009, S. 8 f.)

Aufgrund der großen Bedeutung der IT gehören auch der Aufbau und die Nutzung von relationalen Datenbanken in Form von Data Warehouses zu den wesentlichen Aufgabeninhalten des Controllers. Dies beinhaltet u.a. die Gestaltung multidimensionaler Berichtswürfel, mit denen sich die vorhandenen Daten für Analysen und zur Kennzahlenermittlung beliebig kombinieren lassen.[10] Mögliche Weiterentwicklungen in diesem Bereich werden in den Kapiteln 3, 4.6 und 4.8 dargestellt.

[9]Vgl. Dahlhaus, 2009, S. 8 f.
[10]Vgl. Krupp, 2016, S. 64.

2.2. Logistikcontrolling

Das Logistikcontrolling ist eine spezielle Ausprägung des internen Rechnungswesens für die Unternehmensfunktion Logistik (Funktionscontrolling). Dazu kann entweder das vorhandene Rechnungswesen um (kaufmännische) Informationen aus dem Bereich Logistik erweitert oder ein neues Controllingsystem entwickelt werden. Mit Blick auf die Digitalisierung erscheinen Parallelsysteme allerdings nicht mehr sinnvoll (vgl. Kapitel 2.5). Ob ein eigenständiges Logistikcontrolling für ein Unternehmen sinnvoll ist, hängt vom Stellenwert der Logistik für das Unternehmen ab.[11] Auch für das Logistikcontrolling gilt – wie grundsätzlich für die Ausgestaltung des innerbetrieblichen Rechnungswesens – dass der Aufwand in einem angemessenen Verhältnis zum Nutzen stehen muss.

Eine besondere Herausforderung beim Logistikcontrolling stellt die Messbarkeit von Kosten und Leistungen dar. Im Gegensatz zu Kosten (-bestandteilen), die sich mit Instrumenten des betrieblichen Rechnungswesens i.d.R. messen lassen, ist der konkrete Anteil der Logistik am Unternehmenserfolg kaum ermittelbar.[12] In Bezug auf die Logistikleistungsrechnung ergibt sich somit eine ähnliche Fragestellung wie bei der Bewertung von Werbemaßnahmen. Ein wesentlicher Unterschied dazu besteht aber darin, dass Logistik ein notwendiger Bestandteil des Wertschöpfungsprozesses ist (z.B. innerbetriebliche Transporte zwischen zwei Fertigungsstellen, außerbetriebliche Transporte von Produktionsstätten zu Verkaufsstellen). Schließlich stellen auch noch Einschränkungen bei der Datenerfassung aufgrund rechtlicher Grenzen durch die Mitbestimmung oder den Datenschutz eine Herausforderung dar. Nicht alles, was technisch messbar ist, kann auch tatsächlich genutzt werden.

Die Logistik leistet einen bedeutenden Beitrag zum Unternehmenserfolg; deshalb ist es erforderlich, dass sich in den Unternehmen ein stärkeres Bewusstsein für die Notwendigkeit eines Logistikcontrollings entwickelt. Ohne dieses Bewusstsein, wird Logistik möglicherweise nur als Kostenblock gesehen, den es möglichst gering zu halten gilt. Rationale Entscheidungen des Manage-

---

[11]Vgl. Weber, 2012, S. 317.
[12]Vgl. Weber, 2012, S. 190.

ments erfordern jedoch eine möglichst ganzheitliche Kenntnis der Kostenstrukturen eines Unternehmens und dazu gehören auch die Logistikkosten.[13]

Wenn der Wert logistischer Leistungen bekannt ist, können die dafür entstehenden Kosten anders bewertet werden. Mit dieser Erkenntnis können dann Managemententscheidungen getroffen werden, die die Wettbewerbsposition des Unternehmens verbessern (z.B. größere Kundenzufriedenheit aufgrund eines höheren Qualitätsstandards bzw. höheren Niveaus logistischer Leistungen). Diese Ausführungen beziehen sich primär auf Unternehmen außerhalb der Logistikbranche. Im Gegensatz dazu entspricht das Controlling für Logistikdienstleister eher dem allgemeinen Controlling[14] (Logistik stellt in diesen Unternehmen die Kernkompetenz dar). Demzufolge findet sich bei Logistikdienstleistern neben dem Unternehmens- / Finanzcontrolling als übergeordnete Funktion auch eher ein funktionsbezogenes Controlling für die Bereiche Produktion und Vertrieb (ggf. jeweils mit weiteren Differenzierungen) sowie für Querschnittsfunktionen (z.B. Personal).

Logistische Leistungen stellen – unabhängig von der Branchenzugehörigkeit eines Unternehmens – keine physischen Produkte dar, sondern haben Dienstleistungscharakter. Da bei der Erstellung dieser Leistungen verschiedene Bereiche eines Unternehmens berührt werden, hat sich für das Controlling eine prozessorientierte Betrachtungsweise in Form von Prozesskostenrechnungen durchgesetzt.[15] Durch die Identifikation von Kostentreibern (Ermittlung des Ressourcenverbrauchs) weist die Prozesskostenrechnung eine hohe Genauigkeit und Transparenz auf.[16] Auch für die Prozesskostenrechnung gilt, dass der Aufwand für eine detaillierte Datenerhebung in einem angemessenen Verhältnis zum Nutzen (d.h. zur Aussagekraft der Daten) stehen muss. Dieser allgemeine Grundsatz der Kostenrechnung gilt aufgrund der Kleinteiligkeit der Daten für die Prozesskostenrechnung im besonderen Maße.

---

[13]Vgl. Weber, 2012, S. 189 f.

[14]Vgl. Gleißner & Femerling, 2008, S. 244.

[15]Vgl. Gleißner & Femerling, 2008, S. 260.

[16]Vgl. Gleißner & Möller, 2008, S. 139, 142.

2.3. Supply Chain-Controlling

Im vorangegangenen Kapitel wurde bereits ausgeführt, dass sich für das Controlling logistischer Leistungen ein prozessorientierter Ansatz besonders eignet. Dies ist auch das wesentliche Merkmal von Supply Chains, allerdings werden hierbei (Wertschöpfungs-)Prozesse über Unternehmensgrenzen hinweg betrachtet. Ein Instrument dazu ist das Beziehungs-Controlling für den unternehmensübergreifenden Ansatz zwischen den beteiligten Unternehmen der Supply Chain.[17] Dieser gesamthafte Ansatz hat zur Folge, dass sich Einzelinteressen der Beteiligten mit Blick auf den Gesamtnutzen unterordnen müssen. Dies erfordert ggf. einen Interessen- bzw. Nachteilsausgleich sowie möglichst auch eine Begrenzung der gegenseitigen Abhängigkeit.[18] Dabei sind auch die Logistikkosten von Bedeutung, da logistische Leistungen entlang des gesamten Wertschöpfungsprozesses anfallen. Die Umsetzung eines Interessenausgleichs setzt eine möglichst hohe Transparenz, eine geringe Komplexität der Logistikkostenrechnung sowie eine lückenlose Dokumentation der erbrachten Leistungen voraus.[19] Die letztgenannte Anforderung ist außerdem für eine Leistungsrechnung erforderlich, mit der u.a. auch die Einhaltung vereinbarter Leistungsstandards gemessen werden kann.[20]

Auch im Supply Chain Management hat das Controlling eine beratende Funktion.[21] Diese allgemeine Feststellung muss jedoch hinterfragt werden, da an einer Supply Chain mehrere Unternehmen beteiligt sind, die ihrerseits jeweils über ein eigenes Controlling verfügen. Daraus resultiert zunächst die Frage, welches Controlling wen berät. Gibt es ein übergeordnetes „Controllinggremium", in dem die Controllingbereiche aller beteiligten Unternehmen vertreten sind oder übernimmt dabei eines der beteiligten Unternehmen

[17]Vgl. Altmayer & Stölzle, 2016, S. 47.

[18]Vgl. Weber, 2012, S. 85, 344.

[19]Vgl. Weber, 2012, S. 85, 263.

[20]Vgl. Weber, 2012, S. 86.

[21]Vgl. Weber, 1999, S. 17 ff., zit. n. Blum, 2006, S. 15.

eine führende Rolle und berät die Entscheidungsträger über die eigene Unternehmensgrenze hinaus ?

Ebenfalls ist zu beachten, dass die beteiligten Unternehmen i.d.R. nicht nur Teil einer Supply Chain sind, sondern in Netzwerkstrukturen mit unterschiedlichen Partnern und unterschiedlichen Prozessen agieren. Dies kann in den einzelnen Unternehmen zu unterschiedlichen Ansätzen für das Controlling führen.[22] Demzufolge fehlen oftmals auch unternehmensübergreifende oder einheitlich definierte Kennzahlen.[23]

2.4. Logistik 4.0

In diesem Unterkapitel soll ein kurzer Überblick über die Entwicklung und Ausprägung von Logistik 4.0 gegeben werden. Einige Teilaspekte, die nicht unmittelbar das Controlling betreffen (z.B. Auswirkungen auf Management und Mitarbeiter) werden in Kapitel 5 behandelt.

2.4.1. Industrie 4.0 als Ausgangspunkt

Der Begriff Industrie 4.0 trat erstmals im Zusammenhang mit der Hightech-Strategie des Bundesministeriums für Bildung und Forschung (BMBF) auf.[24] Als wesentliche Merkmale von Industrie 4.0 können dabei Digitalisierung, Automatisierung und eine intelligente Vernetzung der Beteiligten genannt werden.[25] Nach Obermaier[26] kann der Begriff Digitalisierung wie folgt umschrieben werden:

„... Transformation von Geschäftsmodellen mit Hilfe von Informations- und Kommunikationstechnologien (IKT) zur Reduktion von Schnittstellen, zur funktionsübergreifenden Vernetzung und zur wettbewerbswirksamen Erhöhung von Effektivität und Effizienz

[22]Vgl. Weber, 2012, S. 85.

[23]Vgl. Weber, 2012 , S. 99.

[24]Vgl. Helmold & Terry, 2016, S. 139.

[25]Vgl. Obermaier, 2017, S. 8, Bitsch, 2017, S. 121.

[26]Vgl. Becker et al., 2017, S. 99.

(...). Die Transformation von Geschäftsmodellen impliziert dabei auch die zunehmende Automatisierung von (Geschäfts-) Prozessen."

Der Zusatz „4.0" kann nur im Zusammenhang mit einer rückwirkenden Abgrenzung von Entwicklungsstufen verstanden werden, da zuvor Bezeichnungen wie „1.0" bis „3.0" für die Entwicklung der Industrietechnik nicht gebräuchlich waren. Obwohl es keine einheitliche Definition gibt, können die einzelnen Entwicklungsstufen durch folgende Merkmale abgegrenzt werden:

Entwicklungs-stufe („Industrie x.0")	Merkmale
1.0	Mechanisierung, Wasser- und Dampfkraft
2.0	Massenproduktion, elektrische Energie
3.0	Automatisierung, Elektronik und IT

Abbildung 2: Entwicklungsstufen der Industrie (eigene Darstellung auf Basis von Obermaier, 2017, S. 4)

Die Digitalisierung ist jedoch nicht auf den Bereich der Industrie beschränkt und deshalb wird die Digitalisierung in anderen Bereichen ebenfalls verkürzt mit dem Zusatz „4.0" bezeichnet. Logistik 4.0 ist im Zusammenhang mit den Industrie 4.0-Konzepten entstanden. Bevor die Auswirkungen auf die Logistik betrachtet werden, sollen die möglichen zukünftigen Entwicklungen zunächst in einen größeren Zusammenhang gestellt werden. Unabhängig davon, wie revolutionär die Entwicklungen von Industrie 4.0 nunmehr bewertet werden, kann festgestellt werden, dass die Veränderungen langfristig wirken werden; als Beispiel sei hierzu auf die flächendeckende Verbreitung von Computertechnik verwiesen. Entwicklungen mit langfristigen Auswirkungen und einem hohen Verbreitungsgrad werden in der Wissenschaft auch als Megatrend bezeichnet. Als Megatrends können

- Globalisierung

- Innovation

- Nachfrageverhalten

- Nachhaltigkeit

bezeichnet werden.[27]

Die Digitalisierung ist dabei primär dem Megatrend Innovation zuzuordnen. Für Industrie 4.0 bzw. Logistik 4.0 sind ebenfalls die anderen drei genannten Megatrends relevant. Der Begriff Logistik 4.0 soll zunächst als Übernahme von Techniken der Digitalisierung verstanden werden. Mit der Digitalisierung geht eine Beschleunigung der Wirtschaftsprozesse einher. Dies bedeutet einerseits eine Verringerung der Durchlaufzeit für einen Bestellvorgang durch die gesamte Wertschöpfungskette und andererseits eine Verkürzung von Produktlebenszyklen.[28] Aus letzterem Aspekt kann im Bereich Logistik ggf. weiterer Zeitdruck durch lange Transportwege entstehen.[29] Als Beispiel können hier Smartphones genannt werden, die per Luftfracht befördert werden, um möglichst frühzeitig in den Absatzmärkten verfügbar zu sein.

Außerdem kann die Digitalisierung auch Auswirkungen auf das Geschäftsmodell von Unternehmen haben: wo heute noch physische Produkte vertrieben werden, zeichnet sich z.B. im Bereich Bücher, Tonträger und Videos zunehmend eine Substitution durch digitale Produkte und daraus resultierend ein rückläufiger Transport- und Lagerbedarf ab.[30] Den technischen Möglichkeiten der Digitalisierung werden jedoch durch externe Rahmenbedingungen Gren-

---

[27]Vgl. Fontius, 2013, S. 140.
[28]Vgl. Obermaier, 2017, S. 12.
[29]Vgl. Obermaier, 2017, S. 12.
[30]Vgl. Breusch, 2015, S. 51.

zen gesetzt, so ist bei internationalen Logistikketten u.U. eine Vielzahl nationaler Rechtsvorschriften zu beachten. Im Gegensatz zu organisatorischen Anpassungen (z.B. Harmonisierung von Prozessen) oder technischen Vereinheitlichungen (z.B. fest definierte Formate für den Datenaustausch) ist bei den Rechtsvorschriften eine Vereinheitlichung nicht oder nur in Teilbereichen möglich. Ein weiteres Hemmnis kann im Transportbereich die lange Nutzungsdauer der eingesetzten Fahrzeuge sein (z.B. 30 Jahre bei Flugzeugen,[31] bei Lokomotiven gelten ähnlich lange Nutzungsdauern). Diese langfristige Kapitalbindung schränkt die Flexibilität von Unternehmen und somit die Geschwindigkeit von Veränderungsprozessen ein.

2.4.2. Entwicklungsstufen der Logistik

Der Begriff Logistik 4.0 wirft analog zum Begriff Industrie 4.0 die Frage auf, welche Entwicklungsstufen in der Logistik voneinander abgegrenzt werden können, da ein eigenständiges Logistikverständnis erst seit den 1950er Jahren existiert und den Ursprung in geänderten Marktanforderungen hat.[32] Baumgarten[33] hat insgesamt vier Entwicklungsstufen der Logistik definiert: ausgehend von der klassischen Logistik mit den Funktionen Transport, Umschlag und Lagerung über die Logistik als Querschnittsfunktion und Bildung von Prozessketten bis hin zur Logistik als Teil der Wertschöpfungskette in globalen Netzwerken. Das letztgenannte Merkmal trifft auch auf Eisenbahnverkehrsunternehmen (EVU) zu. Einerseits sind sie Teil von Wertschöpfungsketten produzierender Unternehmen, andererseits stellt die Transportleistung aus Sicht eines Eisenbahnverkehrsunternehmens selbst eine Wertschöpfung dar. Hinzu kommt, dass sich Eisenbahntransporte nicht auf einzelne Länder beschränken, sondern in internationalen Netzwerken durchgeführt werden. Dies trifft in Deutschland vor allem für die DB Cargo AG zu. Neben der DB Cargo AG sind ca. 380 weitere EVU für den

---

[31]Vgl. Spohr, 2015, S. 85.
[32]Vgl. Weber, 2012, S. 6.
[33]Vgl. Baumgarten & Walter, 2000, S. 2, zit. n. Gleißner & Femerling, 2008, S. 7.

Güterverkehr zugelassen (Stand: 28.04.2017);[34] auf den DB-Konzern entfiel dabei im Schienengüterverkehr ein Marktanteil von 10,4% bezogen auf die Verkehrsleistung (Stand: 2016).[35]

Die Definition des Logistikbegriffes von Baumgarten ist eher prozessorientiert und wird daher nicht explizit als Logistik 4.0 bezeichnet. Durch die Zusammenführung dieser (inhaltlichen) Definition mit der technischen Definition (Digitalisierung) lässt sich eine mögliche Umschreibung von Logistik 4.0 ableiten. Diese Umschreibung soll nachfolgend für den Begriff Logistik 4.0 gelten. Sofern es sich um allgemeine Aspekte der Digitalisierung handelt, wird stellenweise auch der Begriff Industrie 4.0 verwendet.

In Anlehnung an Wehberg[36] soll Logistik 4.0 aber auch als ganzheitlicher Managementansatz für veränderungsorientierte Netzwerke von Objektflüssen verstanden werden. Hierzu ist ein neues Design der Prozesse erforderlich. Dies erfordert eine integrierte Prozessgestaltung über das gesamte Wertschöpfungsnetzwerk hinweg.[37] Mit der Prozessgestaltung ist aber zunächst nur ein Grundgerüst geschaffen. Die Durchführung (d.h. der Ablauf) der Prozesse erfordert eine überbetriebliche Koordination der Planung und der Auftragsabwicklung.[38] Aus technischer Sicht sind dazu die unternehmensübergreifende Vernetzung der Prozessschritte (horizontale Integration) sowie die Vernetzung der verschiedenen Hierarchieebenen der Unternehmen (vertikale Integration) erforderlich.[39] Dies muss nicht zwangsläufig mit neuen Systemen verbunden sein, sondern kann auch durch die entsprechende Vernetzung bestehender Technologien realisiert werden.[40]

---

[34]Vgl. Eisenbahn-Bundesamt.

[35]Vgl. Deutsche Bahn AG (1).

[36]Vgl. Wehberg, 2016, S. 321.

[37]Vgl. Stich et al., 2015, S. 71.

[38]Vgl. Stich et al., 2015, S. 71.

[39]Vgl. Mosler, 2017, S. 496 f.

[40]Vgl. Stich et al., 2015, S. 65.

2.4.3. Schienengüterverkehr als Teil der Logistik

Im Schienengüterverkehr können allgemein drei Hauptprodukte voneinander abgegrenzt werden, die nachfolgend kurz mit ihren wesentlichen Merkmalen beschrieben werden:

Ganzzug

- alle Wagen eines Zuges werden gemeinsam von einem Startbahnhof zu einem Zielbahnhof befördert
- relativ kurze Beförderungszeiten
- geringer Rangieraufwand
- für hohes Sendungsaufkommen

Abbildung 3:   Ganzzug-Verkehr (Quelle: Meier, 2013, S. 170)

Einzelwagenverkehr

- Beförderung einzelner Wagen oder Wagengruppen von und nach verschiedenen Empfangsstellen (Sat)

- Bündelung zu Zügen und Wagenübergänge (-umstellungen) in Knotenpunktbahnhöfen (Kbf) und Rangierbahnhöfen (Rbf)

- hoher Kostenaufwand infolge der Wagenumstellungen

- lange Transportdauer infolge der Wagenumstellungen

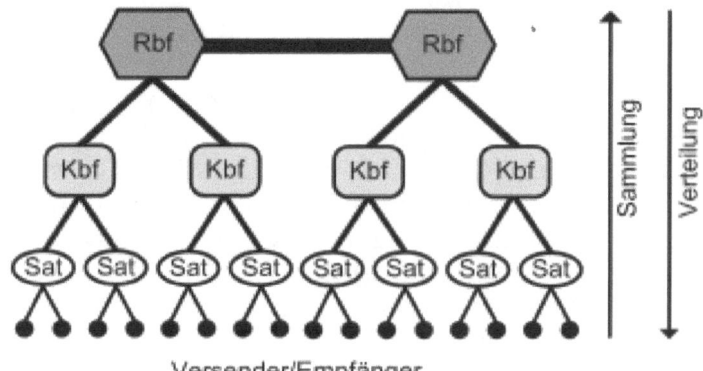

Abbildung 4:   Einzelwagenverkehr (Quelle: Meier, 2013, S. 172)

Kombinierter Verkehr / Rollende Landstraße

- Beförderung von Transporteinheiten (i.W. Container) mit mindestens zwei unterschiedlichen Verkehrsmitteln

- Produktionsverfahren für Eisenbahnstreckenanteil analog Ganzzug- / Einzelwagenverkehr

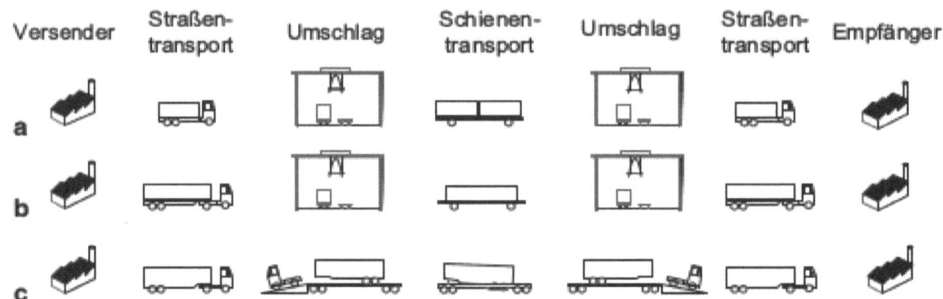

Abbildung 5: Kombinierter Verkehr (a, b) Rollende Landstraße (c) (Quelle: Kaffka, 2013, S. 263)

Die Optimierung der hierfür erforderlichen Produktionsprozesse mit Hilfe einer durchgängigen Digitalisierung[41] ist – analog zur industriellen Produktion – ein Ziel von Logistik 4.0. Im Eisenbahnbetrieb stellt dies eine besondere Herausforderung dar, da z.B. die Leit- und Sicherungstechnik z.T. noch aus dem 19. Jahrhundert stammt. Hinzu kommen länderspezifische Techniken, durch die grenzüberschreitende Transporte erschwert werden, da die internen Produktionsprozesse eines Eisenbahnverkehrsunternehmens an der Staatsgrenze auf einen „technischen Bruch" stoßen können. Unterschiede bestehen insbesondere durch Zugsicherungs- / Signalsysteme, Stromsysteme und Spurweiten. Wenn die DB Cargo AG einen Güterzug von Deutschland nach Polen fährt, handelt es sich dabei um einen internen Produktionsprozess, da die DB Cargo AG mit der DB Cargo Polska über eine Landesgesellschaft verfügt, die eine nationale Zulassung als EVU in Polen hat. Gleichwohl müssen auch hier die eisenbahntechnischen Unterschiede zwischen Deutschland und Polen berücksichtigt werden. Aufgrund der stärkeren Abhängigkeit des Eisenbahnverkehrs von der Infrastruktur (u.a. Leit- und Sicherungstechnik, Stromsysteme) im Vergleich zum Straßengüterverkehr ergeben sich höhere Anforderungen im Zusammenhang mit Logistik 4.0. Hier besteht auch ein wesentlicher Unterschied bezüglich möglicher Potenziale durch die Digitalisierung im Vergleich zu internen Produktionsprozessen der Waren produzierenden Industrie.

[41]Vgl. Rusch, M. et al., 2016, S. 71.

2.5. IT-Einsatz in der Logistik

In der Anfangszeit der Informationstechnik dominierten auch im Logistikbereich individuelle Softwarelösungen, bei denen zwischen Transport- und Lagerlogistik unterschieden wurde.[42] Dieser Lösungsansatz ist jedoch nur so lange praktikabel, wie keine Daten mit Dritten (d.h. Stellen außerhalb des Unternehmens) ausgetauscht werden.

Die Funktionalität der IT-Systeme wurde im Vergleich zur Anfangsphase erheblich erweitert. Mit ERP-Systemen[43] wurde es möglich, Prozesse innerhalb eines Unternehmens funktions-/abteilungs-übergreifend zu steuern und die gesamte Auftragsabwicklung bis zur Fakturierung zu unterstützen.[44] Allgemein kann festgestellt werden, dass IT-Systeme in der Logistik zur „Planung, Steuerung und Überwachung der Material-, Personen-, Energie- und Informationsflüsse" Verwendung finden und „die Transformation von logistischen Geschäftsmodellen und Prozessen durch den Einsatz von I&K-Technologien" ermöglichen.[45] Diese Form der IT-Nutzung mit den unterschiedlichen Funktionen und beteiligten Prozessen wird auch als E-Logistics bezeichnet.[46] Zur Realisierung von IT-Lösungen für die Logistik dienen verschiedene Basistechnologien:

---

[42]Vgl. Breusch, 2015, S. 42.

[43]Enterprise Resource Planning

[44]Vgl. Gleißner & Femerling, 2008, S. 228.

[45]Vgl. Hausladen, 2016, S. 26.

[46]Vgl. Straube, 2004, S. 6 f.

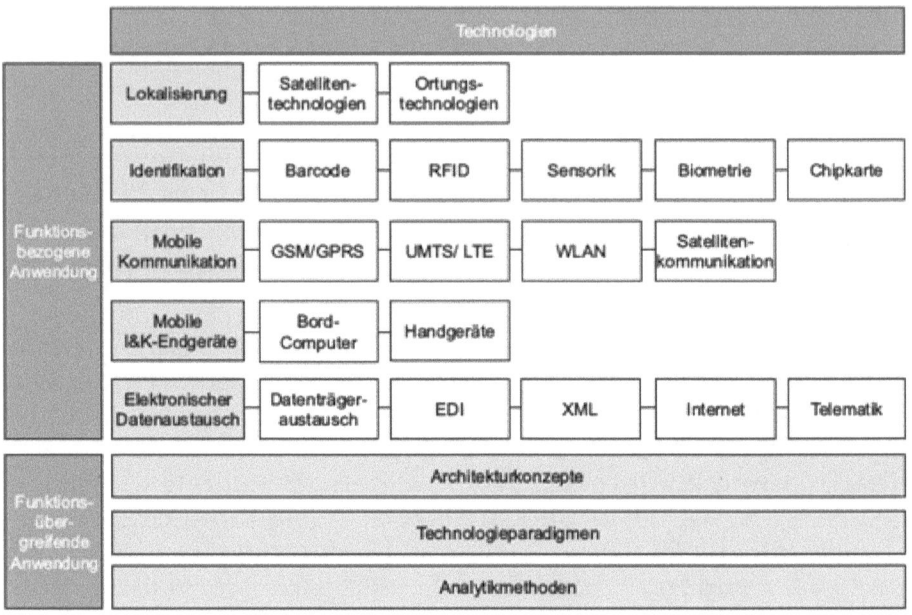

Abbildung 6: Basistechnologien der IT-gestützten Logistik im Überblick (Quelle: Hausladen, 2016, S. 54)

Ergänzend zu den aufgeführten Basistechnologien ist noch der Einsatz von Standardsoftware für eine unternehmensübergreifende Prozessabwicklung zu nennen. Standardsoftware ermöglicht die Automatisierung, Schaffung von Transparenz und Harmonisierung bzw. Vereinheitlichung von Standardprozessen, wodurch freie Kapazitäten für Sonderfälle („Exception Handling") entstehen.[47] Inwieweit sich aus dem Einsatz von Standardsoftware auch ein Wettbewerbsvorteil ergibt wie Breusch ausführt,[48] bleibt abzuwarten. Bereits heute gibt es wenige Standardsysteme, die dennoch dominierend sind (z.B. die unterschiedlichen SAP-Basismodule). Kleinere Unternehmen, die am Markt bestehen wollen, sind i.d.R. an die Vorgaben bzw. Systeme „großer" Geschäftspartner gebunden. Mangelnde Anpassungsbereitschaft kann hier zu einem Herausdrängen aus dem Markt führen. Hinzu kommt, dass die Verbreitung und Nut-

[47]Vgl. Breusch, 2015, S. 46.
[48]Vgl. Breusch, 2015, S. 46.

zung von Open Source Systemen (z.B. LINUX-basierte Anwendungen) derzeit noch nicht eingeschätzt werden kann. Open Source Systeme bieten die Möglichkeit zur (Eigen-) Entwicklung aller erforderlichen Schnittstellen zu anderen Systemen, da die Quellcodes frei zugänglich sind. Ein durchgängiger Einsatz einer (einheitlichen) Standardsoftware wäre dann kein zwingendes Kriterium mehr zur Erzielung optimaler Lösungen.

Bei Logistikdienstleistern (wie z.B. DB Cargo AG) sind die IT-Systeme gleichzeitig ein Abbild des Geschäftsmodells und somit für das zentrale Controlling des Unternehmens und die Unternehmenssteuerung von Bedeutung.[49]

2.5.1. Ausgewählte Anwendungsbereiche im Überblick

Aufgrund des engen Zusammenhangs mit Industrie 4.0 und der Vernetzung von Systemen lassen sich keine Technologien identifizieren, die ausschließlich von Logistik 4.0-Konzepten genutzt werden. Logistik 4.0 ist vielmehr ein wesentlicher Bestandteil von Industrie 4.0. Stellvertretend für die Anwendungsgebiete und Technologien sollen einige Beispiele aufgeführt werden, die einen Bezug zum Controlling haben:

- Sendungsverfolgung (ggf. in Echtzeit), insbesondere bei der Zusammenarbeit mehrerer Logistikdienstleister[50]

- Frachtenbörsen bzw. Logistikplattformen mit denen Geschäftsprozesse (z.B. die gesamte Auftragsabwicklung) automatisiert und optimiert werden können.[51] Logistikplattformen stellen eine Weiterentwicklung des bilateralen Datenaustauschs mit umfassender Integration und Automatisierung logistischer Prozesse verschiedener Beteiligter dar; der Übergang zu Supply Chain Management-Systemen[52] ist flie-

---

[49]Vgl. Hausladen, 2016, S. 48.

[50]Vgl. Breusch, 2015, S. 43.

[51]Vgl. Hausladen, 2016, S. 223 ff.

[52]Zum Begriff Supply Chain Management-Systeme siehe z.B. Hausladen, 2016, S. 226.

ßend.[53] Es stellt sich somit die Frage – die aber an dieser Stelle nicht weiter vertieft werden kann – ob aus Sicht der IT zukünftig noch zwischen Supply Chain Management und Logistik 4.0 unterschieden werden kann. Logistik ist eine Kernfunktion innerhalb des Supply Chain Managements.

- Fuhrparkmanagementsysteme bestehend aus Onboard-Computern in den Fahrzeugen zur Datenerhebung und -übermittlung sowie (stationären) IT-Systemen zur zentralen Verarbeitung der Daten.[54] Neben der Nutzung für betriebswirtschaftliche Zwecke liefern diese Systeme auch Basisdaten für nichtmonetäre Kennzahlen (z.B. ökologische Daten) und können grundsätzlich bei allen Verkehrsmitteln zum Einsatz kommen.

- Vernetzung unterschiedlicher Stakeholder zur Verkürzung von Lieferzeiten und zur Reduzierung von Lagerbeständen („smart logistics")[55]

- vernetzte Verkehrsleitsysteme[56] und vernetzte Fahrzeuge[57] („smart mobility")

- Multimodalität durch neue Optimierungsverfahren.[58] Die Kombination verschiedener Verkehrsträger ist für sich genommen keine Neuerung. Die IT-Anwendungen und IT-Infrastrukturen im Rahmen von Industrie 4.0 / Logistik 4.0 erschließen hierzu – insbesondere mit Blick auf internationale Logistikketten infolge der Globalisierung – neue Optimierungspotenziale. Dies führt bei der Optimierung der gesamten Transportkette (Vor-, Haupt-, Nachlauf) auch zur Vernetzung (vormals) konkurrierender Dienstleister. Diese Vernetzung erfordert ebenfalls eine Harmonisierung von IT-Verfahren oder zumindest von Datenstrukturen.

---

[53]Vgl. Hausladen, 2016, S. 225 f.
[54]Vgl. Gleißner & Femerling, 2008, S. 223 f.
[55]Vgl. Brühl, 2015, S. 65.
[56]Vgl. Brühl, 2015, S. 65.
[57]Vgl. Brühl, 2015, S. 69 f.
[58]Vgl. Brühl, 2015, S. 85 f.

- Einsatz von RFID-Techniken zur Lokalisierung[59]; Einsatzmöglichkeiten von RFID-Technik bestehen sowohl in der innerbetrieblichen Logistik (z.B. Lokalisierung im Lager) als auch in der außerbetrieblichen Logistik (z.B. Überwachung temperaturgeführter Güter während des Transports)

Aufgrund der Beschleunigung von Prozessabläufen durch die Digitalisierung gehören die Flexibilität bzw. Anpassungsfähigkeit (strategisch) und eine schnelle Reaktionsfähigkeit (operativ) zu den zukünftigen Herausforderungen der Logistik.[60]

2.5.2. Ausgewählte Digitalisierungsprojekte der DB Cargo AG

Mit Logistik 4.0 wird bei der Deutschen Bahn AG die Digitalisierungsinitiative für den Bereich Güterverkehr und Logistik bezeichnet.[61]

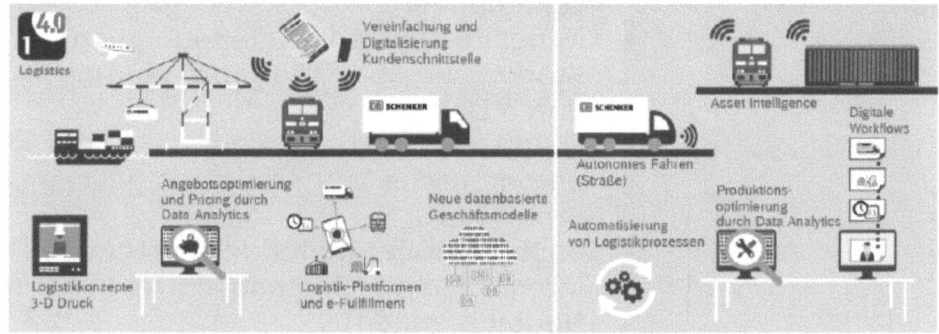

Abbildung 7: Logistik 4.0 bei der Deutschen Bahn AG (Quelle: DB Mobility Logistics AG)

Teil dieser Digitalisierungsinitiative sind bei der Unternehmensgruppe DB Cargo AG u.a. folgende Projekte mit möglichen Auswirkungen auf das Controlling:

[59]Vgl. Degenhart, 2015, S. 56.
[60]Vgl. Jung, 2016, S. 411 f.
[61]Vgl. Jäger, 2016, S. 179.

Projekt	Kurzbeschreibung
Intelligenter Güterwagen (DB Cargo AG)[62]	• Zustandsüberwachung von Güterwagen mittels Sensoren (z.B. Position, Erschütterungen, Temperatur im Laderaum); Zuglaufverfolgung in Echtzeit • Integration der Güterwagendaten in Logistikprozesse ermöglicht eine Optimierung von Disposition und Auslastung • kilometer- und zustandsabhängige Instandhaltung: bessere Planbarkeit, Kürzung der Instandhaltungsdauer
TechLok (DB Cargo AG)[63]	• zustandsorientierte Instandhaltung von Lokomotiven • lernendes System (Erkennung von Störungsmustern, Programmierung durch Datenanalysten) • Daten in Echtzeit • automatische Vorhersagen möglicher Störungen • baureihenübergreifendes System zur Integration der Bestandsflotte und von Neufahrzeugen

[62]Vgl. Janicki, 2016, S. 11, Union internationale des chemins de fer (UIC).
[63]Vgl. Kamin, 2015, S. 24 f., Emmelheinz, 2017, S. 41.

Projekt	Kurzbeschreibung
Einsatz von 3-D-Druckern in der Instandhaltung (verschiedene Konzernunternehmen der DB AG)[64]	• kurzfristige Verfügbarkeit von Ersatzteilen • Verringerung der Lagerbestände
Kapazitätsmanagement (DB Cargo AG)[65]	• Entscheidung über die Menge der geplanten Züge mit dem Ziel einer wirtschaftlichen Auslastung • Vermeidung einer kurzfristigen Planung zusätzlicher Züge mit geringer Auslastung
Graphisches Qualitätscockpit (DB Cargo AG)[66]	• Generierung von 10 Kennzahlen (tagesaktuell oder alle zwei Stunden aktualisiert) zur Qualitätssteuerung

[64]Vgl. Janicki, 2016, S. 11 und DB Cargo AG (1).
[65]Vgl. Richta, 2016, S. 44.
[66]Vgl. Richta, 2016, S. 46.

Projekt	Kurzbeschreibung
Digitale Ver-kaufsplattform für intermodale Logistikdienst-leistungen (TFG Transfracht GmbH):[67]	• europaweite Vereinheitlichung und Digitalisierung von Vertriebsprozessen durch Entwicklung einer Verkaufsplattform
webbasierte Transportmana-gementsysteme	• Digitalisierung des Informationsaustauschs sowie Vertrags- und Auftragsmanagement
digitale Markt-plätze	• Zusammenführung von Nachfrage und freien Transportkapazitäten z.T. mit Methoden der künstlichen Intelligenz
E-Makler-Plattfor-men	• Vermittlung von Transportleistungen und Verantworten der Transport-abwicklung

Abbildung 8:ausgewählte Digitalisierungsprojekte bei der DB Cargo AG (eigene Darstellung)

Der Vollständigkeit halber ist auch noch die Big Data Strategie der DB Cargo AG für den Schienengüterverkehr[68] zu nennen, die kein einzelnes Projekt darstellt, sondern als strategischer Ansatz Auswirkungen auf nahezu alle Unternehmensbereiche hat.

[67]Vgl. Jäger, 2016, S. 179-183.
[68]Vgl. Richta, 2016, S. 40-47.

3. Big Data

3.1. Definition und Grundlagen

Im unmittelbaren Zusammenhang mit der Digitalisierung (z.B. Industrie 4.0, Logistik 4.0) steht der Begriff Big Data,[69] mit dem die Erfassung und Auswertung großer Datenmengen[70] beschrieben wird. Ursprünglich wurde Big Data auch mit den „3 V" (Volume, Variety, Velocity) definiert,[71] inzwischen wurde die Definition auf „4 V" (ergänzt um das Merkmal Veracity)[72] bzw. „5 V" erweitert (zusätzlich ergänzt um das Merkmal Value).[73] Die Ergänzung um die beiden letztgenannten Merkmale wird allerdings auch kritisch gesehen (z.B. von Dittmar[74]), so dass hier derzeit kein einheitliches Verständnis besteht. Mit Blick auf den Schwerpunkt dieser Arbeit soll diese Diskussion nicht weiter vertieft werden.

Von Business Intelligence Lösungen unterscheidet sich Big Data durch die Geschwindigkeit mit der Daten erhoben bzw. bereitgestellt werden sowie durch neue Möglichkeiten zur Datenanalyse (Aufdeckung bisher unbekannter Zusammenhänge, Zusammenführung von Controllingdaten mit Kunden- und Wettbewerbsinformationen).[75] Big Data (-Analytics) kann somit als Weiterentwicklung von Business Intelligence angesehen werden.[76]

Hinsichtlich Art und Herkunft kann Big Data in strukturierte Daten aus herkömmlichen Datenquellen[77] und unstrukturierte Daten (Data-Lake[78]) aus neuen Systemen wie z.B. Sensordaten

---

[69] Eine Darstellung verschiedener Definitionen des Begriffs Big Data findet sich z.B. bei Gadatsch, 2016b, S. 199.

[70] Vgl. Brühl, 2015, S. 14.

[71] Vgl. Schöning & Dorchain, 2014, S. 548.

[72] Vgl. Grönke & Heimel, 2014, S. 126.

[73] Vgl. Richta, 2016, S. 42.

[74] Vgl. Dittmar, 2016, S. 57.

[75] Vgl. Grönke & Heimel, 2014, S. 126, Oehler et al., 2016, S. 64.

[76] Vgl. Dittmar, 2016, S. 58.

[77] Vgl. Gadatsch, 2016b, S. 200.

[78] Vgl. Richta, 2016, S. 44.

oder mobile Endgeräte unterteilt werden.[79]

Von der Datenerzeugung bis hin zur Nutzung der entsprechend aufbereiteten Informationen lassen sich 4 Phasen abgrenzen:

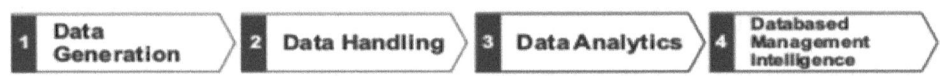

Abbildung 9: Managing Big Data (Quelle: Brühl, 2015, S. 58)

Ein strategischer und / oder operativer Nutzen aus der Verwendung der gewonnenen Informationen setzt voraus, dass zunächst die hierfür erforderlichen Rahmenbedingungen (i.W. IT und Prozesse) geschaffen worden sind.[80] Dabei ist zu beachten, dass es nicht das Ziel von Big Data ist, Entscheidungen zu treffen, sondern Handlungsempfehlungen zu ermitteln.[81] Schließlich ist festzustellen, dass Big Data kein Einzelprojekt ist, sondern eine Vielzahl von Ansätzen, die zusätzlich zu bereits vorhandenen Analysemethoden zum Einsatz kommen werden.[82]

3.2. Datenauswertung

In der Vergangenheit war es oftmals problematisch, geeignete Daten für die Bewertung von Logistikleistungen zur Verfügung zu haben. Durch Big Data besteht eine neue Herausforderung darin, aus der zur Verfügung stehenden umfangreichen Datenmenge die „richtigen" Daten zu selektieren und entsprechend zu analysieren, um Erkenntnisse für das zukünftige Handeln zu gewinnen. Dabei gilt es auch den Wert der Daten zu erkennen, was zum Begriff „Smart Data"[83] führt.

Die Zunahme der Datenmenge ist eine Folge der Digitalisierung, weil zusätzlich zu den existierenden IT-Systemen umfangreiche

---

[79] Vgl. Gadatsch, 2016b, S. 200.

[80] Vgl. Brühl, 2015, S. 58.

[81] Vgl. Oehler et al., 2016, S. 68.

[82] Vgl. Oehler et al., 2016, S. 68.

[83] Vgl. Höttges, 2015, S. 169.

Datenmengen über Sensoren in Echtzeit generiert werden können. Die daraus resultierende Komplexität dieser Datenmenge zu reduzieren ist Gegenstand von Big Data Analytics. Je nach Verwendungszweck müssen Daten in Echtzeit zur Verfügung stehen (z.B. zur Steuerung von Produktionsprozessen) und an verschiedene Systeme übermittelt werden, wodurch sich neben der Komplexität eine weitere (technische) Herausforderung ergibt. Inwieweit Echtzeitdaten auch für das Controlling von Bedeutung sind, wird in Kapitel 4 untersucht.

Neben der Verarbeitung von Daten in Echtzeit sollen auf der Grundlage von Big Data auch Vorhersagen erstellt werden (Predictive Analytics).[84] Der Unterschied zu bisherigen Prognosen besteht darin, dass Predictive Analytics ebenfalls auf eine wesentlich größere Datenbasis zugreift. Außerdem können mit entsprechenden Tools auch unstrukturierte Daten und weitere Daten, die Einflussgrößen abbilden (z.B. aus dem Bereich Social Media),[85] in diese Prognosen einbezogen werden. Die breite Datenbasis ermöglicht es zudem, bisher nicht bekannte Zusammenhänge aufzuzeigen.[86]

3.3. Vertrauenswürdigkeit und Vertraulichkeit

Um fehlerhafte Managemententscheidungen zu vermeiden, müssen Daten, die zur Unternehmenssteuerung verwendet werden, aus vertrauenswürdigen Quellen stammen; bei sicherheitsrelevanten Entscheidungen können zudem erhebliche Personen- und Sachschäden durch falsche Daten entstehen. Erforderlich ist daher eine möglichst frühzeitige Sicherstellung der Datenqualität,[87] d.h. die Qualitätsprüfung und -sicherung erfolgt idealerweise vor der erstmaligen Verarbeitung bzw. Weitergabe der Daten. Nur so kann sichergestellt werden, dass keine fehlerhaften Daten als Grundlage für Entscheidungsprozesse oder Berichte verwendet werden. Bei einer automatisierten Datenerzeugung und -bereitstellung (z.B.

---

[84] Vgl. Iffert, 2016, S. 17.

[85] Vgl. Siepmann, 2016, S. 57.

[86] Vgl. Gentsch & Kulpa, 2016, S. 36.

[87] Vgl. Bousonville, 2017, S. 9.

Nutzung von Fahrzeugdaten aus den Systemen Intelligenter Güterwagen und TechLok als Grundlage für eine vorausschauende Instandhaltungsplanung) wird sich das Problem der Vertrauenswürdigkeit nicht stellen, da es sich unternehmenseigene Daten handelt. Die Vertrauenswürdigkeit ist bei einem unternehmensübergreifenden Datenaustausch zur Steuerung von Netzwerken von großer Bedeutung und setzt Vertrauen zwischen den beteiligten Unternehmen voraus.[88] Dieses Vertrauen bezieht sich zum einen auf die Offenlegung von Betriebsinterna,[89] zum anderen darauf, dass die Dateninhalte richtig sind. Beide Aspekte lassen sich auch im Rahmen von Logistik 4.0 nicht vollständig automatisieren, sondern erfordern die Mitwirkung von Menschen.

Neben diesem inhaltlichen Aspekt der Vertrauenswürdigkeit muss auch die Vertraulichkeit der Daten sichergestellt sein. Dies bedeutet, dass (technische) Regelungen (z.B. Definition von Rollen) getroffen werden müssen, mit denen unbefugte Zugriffe auf Daten vermieden werden.[90] Daten aus dem Bereich Finanzen / Controlling gehören zu den sensiblen Daten, die vor unberechtigten Zugriffen geschützt sein müssen. Die Vermeidung unberechtigter Zugriffe bedeutet in diesem Zusammenhang auch, dass Geschäftspartner, denen ein Zugriff auf Daten gewährt wird, diese Daten ausschließlich für den zwischen den Beteiligten vereinbarten Zweck verwenden dürfen. Da Geschäftspartner durchaus auch gegenläufige Interessen verfolgen können oder in einzelnen Geschäftsbereichen sogar miteinander im direkten Wettbewerb stehen können, besteht die Gefahr einer opportunistischen Verwendung von Informationen.[91] Diesem Problem könnte durch den Austausch bereits verdichteter Daten (z.B. Kostentreiber) begegnet werden,[92] was allerdings einen Transparenzverlust und somit eine geringere Steuerungsfähigkeit zur Folge hat.

---

[88] Vgl. Franken, 2016, S. 72.

[89] Vgl. Gleißner & Femerling, 2008, S. 36.

[90] Vgl. Diemer, 2014, S. 385 f., Fallenbeck & Eckert, 2014, S. 414, 416, Gleich, 2013, S. 205 f.

[91] Vgl. Weber, 2012, S. 346, Gleißner & Femerling, 2008, S. 36.

[92] Vgl. Weber, 2012, S. 347 f.

3.4. Cloudbasierte Lösungen

Die Nutzung und Verarbeitung von Big Data stellt hohe Anforderungen an die Leistungsfähigkeit der IT (insbesondere Rechnerleistungen / Zugriffsgeschwindigkeit, Speicherkapazität) und führt vermehrt zu cloudbasierten Lösungen mit besonderen Anforderungen an den Datenschutz und an die Datensicherheit. Die Sicherstellung des Datenschutzes erfolgt hier ebenfalls über rollenbasierte Zugriffsberechtigungen, wobei sicherzustellen ist, dass alle Beteiligten ein identisches Verständnis bei der Definition von Rollen haben.[93] Hinsichtlich der Datensicherheit bietet das Cloud Computing durch Mehrfachspeicherung und der Möglichkeit einer schnellen Replikation bei Datenverlusten Vorteile gegenüber traditionellen Serverlösungen.[94] Es ist jedoch kritisch zu prüfen, welche Risiken sich ergeben, wenn diese cloudbasierten Lösungen bei externen Dienstleistern eingekauft werden.

[93] Vgl. Fallenbeck & Eckert, 2014, S. 416.
[94] Vgl. Siepmann, 2016, S. 55.

4. Lösungsansätze zur Gestaltung des Controllings im Rahmen von Logistik 4.0

4.1. Grundlagen

Die Digitalisierung im Rahmen von Industrie 4.0 / Logistik 4.0 soll auf dreifache Weise Nutzeneffekte generieren:

- Effizienzgewinn (Kosten/Produkt)

- Individualisierung der Produkte (Losgröße 1)

- Entstehung neuer Geschäftsmodelle (Service Engineering).[95]

Diese Nutzeneffekte können analog auf Logistik 4.0 übertragen werden, wobei im Schienengüterverkehr die Losgröße 1 aufgrund des komplexen Planungsverfahrens eine eher untergeordnete Bedeutung hat. Losgröße 1 würde hier die Durchführung von Sonderzügen bedeuten (Anmerkung: Auch der Transport eines einzelnen Güterwagens stellt die Losgröße 1 dar. Derartige Transporte sind insbesondere im mittleren und großen Entfernungsbereich kein geeignetes und wirtschaftlich sinnvolles Transportkonzept. Mit neuen [selbstfahrenden] Güterwagen könnten sich hier neue Potenziale erschließen, die im Rahmen dieser Arbeit aber nicht weiter berücksichtigt werden können.). Die hohe Fixkostenlastigkeit[96] von Eisenbahnunternehmen erfordert eine möglichst geringe Ressourcenvorhaltung um wettbewerbsfähig bleiben zu können. Eine Vorhaltung von Ressourcen zur Abdeckung möglicher Sonderverkehre ist vor diesem Hintergrund aus ökonomischer Perspektive kritisch zu hinterfragen. Gleichwohl bietet Logistik 4.0 die Möglichkeit, den Einsatz von Ressourcen zu optimieren und so evtl. bei gleichbleibender Ressourcenmenge zusätzliche Kapazitäten für Sonderverkehre zu schaffen. Die Generierung der vorgenannten Nutzeneffekte setzt eine Mitwirkung des Controllings voraus.

---

[95] Vgl. Thiele et al., 2016, S. 87.
[96] Vgl. Ihde, 2001, S. 158.

Durch die Digitalisierung wird sich das Controlling zwar nicht gänzlich ändern,[97], aber es werden sich Veränderungen bei den inhaltlichen Schwerpunkten und Prozessen[98] sowie bei den Kompetenzanforderungen für Controller ergeben.[99] Die nachfolgende Tabelle soll dazu einen ersten Überblick über die inhaltlichen Änderungen in den Controllingprozessen geben:

Controllingprozess	neue / geänderte Inhalte
Strategische Planung / Mittelfristplanung	• Straffung des Planungsprozesses • unternehmensübergreifende Planung von Wertschöpfungsprozessen • Flexibilität bei der Ressourcenplanung
Operative Planung / Jahresplanung	• unternehmensübergreifende Planung von Wertschöpfungsprozessen • Flexibilität bei der Ressourcenplanung • größere Kostentransparenz • dezentrale bzw. automatisierte Datenerhebung
Vorschau	• unternehmensübergreifende Planung von Wertschöpfungsprozessen • Verfügbarkeit von Echtzeitdaten • Predictive Analytics

[97] Vgl. Losbichler, 2016, S. 51, Mödritscher & Wall, 2017, S. 418.

[98] Vgl. Becker et al. ,2016, S. 116.

[99] Vgl. Thiele et al., 2016, S. 64.

Controllingprozess	neue / geänderte Inhalte
Kosten-, Leistungs- und Ergebnisrechnung	• Weiterentwicklung von Steuerungsmodellen • Definition neuer Kennzahlen
Berichtswesen	• aktuelle Berichte auf Basis von Echtzeitdaten
Investitionscontrolling	• verstärkte Einbindung in die Projektarbeit
Risikomanagement	• Früherkennung durch Simulationen

Abbildung 10: Inhaltliche Änderungen in den Controllingprozessen (eigene Darstellung mit Ergänzungen in Anlehnung an Thiele, et al., 2016, S. 74 f.)

Ergänzend ist festzustellen, dass nahezu alle Controllingprozesse zukünftig neue Informationen aus Big Data nutzen werden, wobei die Potenziale noch nicht bewertet können. Die wesentlichen Gründe hierfür sind:

• unvollständige Informationen über Datenquellen, -mengen und –inhalte

• noch nicht bekannte Zusammenhänge bzw. Abhängigkeiten von Dateninhalten

• sukzessive Weiterentwicklung von Analysemethoden und –werkzeugen.

Daraus resultiert, dass die Prozesse so zu definieren sind, dass für Standardaufgaben eine hohe Stabilität gewährleistet ist, gleichzeitig aber eine solche Flexibilität besteht, dass auf sich ändernde Rahmenbedingungen oder andere Anforderungen schnell reagiert werden kann.[100]

---

[100] Vgl. Gadatsch, 2016b, S. 210.

4.2. Controllingprozesse / Vernetzung

Als Vorstufe zu Logistik 4.0 kann aufgrund der Vernetzung der Beteiligten, die am Wertschöpfungsprozess mitwirken, das Supply Chain Management angesehen werden. Voraussetzungen für ein wirksames Supply Chain Controlling sind ein gemeinsam nutzbares Controllingkonzept sowie eine einheitliche Definition gemeinsam genutzter Steuerungsgrößen.[101] Mit zunehmender Vernetzung und Komplexität muss jedoch – insbesondere bei Beteiligten aus verschiedenen Branchen – hinterfragt werden, inwieweit gemeinsam genutzte Steuerungsgrößen für das einzelne Unternehmen noch geeignet sind. Ggf. sind unternehmensspezifische Extrakte aus den Big Data-Informationen zu verwenden. In diesem Zusammenhang sei auch nochmals auf die Ausführungen zur Vertraulichkeit von Daten hingewiesen. Verschärft wird das Problem der vertraulichen Daten noch dadurch, dass ein Beteiligter der Supply Chain Geschäftsbeziehungen mit anderen Beteiligten unterhält, die ihrerseits miteinander im Wettbewerb stehen. Die für eine Optimierung der Supply Chain nötige Informations- und Datentransparenz steht dadurch in einem Spannungsfeld mit der Wahrung von Geschäftsgeheimnissen. Hier werden die Grenzen einer unternehmensübergreifenden Vernetzung von Controllingfunktionen deutlich.

Die Aufgabe des Supply Chain Controllings, eine unternehmensübergreifende Prozesstransparenz zu schaffen,[102] gilt für das Controlling im Umfeld von Logistik 4.0 gleichermaßen. Als weitere Herausforderung kommt die Steuerung von Netzwerken hinzu. Diese Herausforderung besteht darin, dass Entscheidungen „für" einen Ast des Netzwerks ggf. gegenläufige Effekte an anderen Stellen des Netzwerks haben können und daher ggf. Kompromisse anstelle optimaler Lösungen umgesetzt werden müssen. Es handelt sich zwar um ein bekanntes Problem des Supply Chain Managements, das sich aber auch im Rahmen von Logistik 4.0 derzeit nicht vollständig lösen lassen wird. Perspektivisch ist jedoch denkbar, dass sich mit entsprechenden Algorithmen und leistungsfähiger Hardware auch

---

[101] Vgl. Gleißner & Möller, 2009, S. 161.
[102] Vgl. Gleißner & Möller, 2009, S. 163.

komplexe Optimierungsaufgaben lösen lassen werden. Nach diesen grundsätzlichen Feststellungen sollen nachfolgend einzelne Controllingprozesse näher betrachtet werden.

4.2.1. Strategie

Das Strategische Controlling ist maßgeblich an der langfristigen Unternehmensplanung beteiligt und soll die Erreichung der Unternehmensziele sicherstellen. Dazu ist zunächst ein Blick auf die Unternehmensstrategien der Deutschen Bahn AG und der DB Cargo AG zu richten, die kurz als Strategie DB 2020+ bezeichnet werden. Die Ziele von DB 2020+ lauten:[103]

- Erhöhung der Wettbewerbsfähigkeit

- Nutzung von Wachstumsmöglichkeiten durch Internationalisierung

- Konzernumbau durch Nutzung der Möglichkeiten der Digitalisierung (hierzu gehören u.a. neue datengetriebene Geschäftsmodelle).

Daraus abgeleitet wurden als strategische Ziele für die DB Cargo AG: [104]

- wirtschaftlich: profitabler Qualitätsführer im europäischen Netzwerk

- ökologisch: führende Rolle und verantwortungsvolles Handeln

- sozial: Top-Arbeitgeber.

Bei der Erbringung von Transportdienstleistungen ergibt sich ein wesentlicher Unterschied zur Warenproduktion, da Dienstleistungen nur am Ort des Leistungsbedarfs erbracht werden können. Risiken aus einer Produktionsverlagerung in Niedriglohnländer[105] sind somit nicht vorhanden. Eine Ausnahme hiervon besteht bei Quer-

---

[103] Vgl. Deutsche Bahn AG (5).
[104] Vgl. Deutsche Bahn AG (5).
[105] Vgl. Feldmann, 2013, S. 26.

schnitts- bzw. Servicefunktionen. Als Beispiel kann die Buchhaltung bei der Deutschen Bahn AG genannt werden, die weltweit an drei Standorten zentralisiert wurde.[106]

Das Ziel des profitablen Qualitätsführers im europäischen Netzwerk kann entweder durch Zukäufe bestehender Unternehmen oder Gründung von Tochtergesellschaften erreicht werden. Die DB Cargo AG hat die Unternehmensstruktur sowohl durch Übernahme bestehender Unternehmen (z.B. DB Cargo Polska S.A.)[107] als auch durch Neugründung von Landesgesellschaften (z.B. DB Cargo Bulgaria EOOD)[108] erweitert, um neue Märkte zu erschließen. In diesem Zusammenhang können sich besondere Herausforderungen sowohl durch unterschiedliche Unternehmensphilosophien[109] (bei der Übernahme bestehender Unternehmen und Integration in den Konzern) als auch durch kulturelle Unterschiede[110] (bei Gründung von Auslandsgesellschaften) ergeben. Dabei können sich im Bereich Controlling kulturell bedingte Probleme u.a. in einer mangelnden Disziplin bei der Zulieferung von Berichtsdaten an die Zentrale äußern. Diese Herausforderung könnte zumindest in Teilen durch eine Automatisierung, den Einsatz intelligenter Produktionsmittel (vgl. Projekt Intelligenter Güterwagen) und eine Vernetzung gelöst werden. Es verbleibt jedoch immer noch eine Restmenge an Herausforderungen, so dass trotz Vernetzung / Digitalisierung nicht vollständig auf den Faktor Mensch verzichtet werden kann. Dies betrifft vor allem solche Teile des Berichtswesens, die (noch) nicht automatisiert werden können, wie beispielsweise die Kommentierung von Berichtsdaten. Welche Potenziale hierzu Big Data und Künstliche Intelligenz zukünftig bieten werden, ist derzeit noch nicht absehbar. Neben den erwähnten Übernahmen oder Neugründungen von Unternehmen gibt es die Möglichkeit, ein Unternehmenswachstum gemeinsam mit strategischen Partnern zu realisieren, was mit nachfolgender Abbildung verdeutlicht werden soll:

---

[106] Vgl. Deutsche Bahn AG (5).

[107] Vgl. DB Cargo Polska S.A.

[108] Vgl. DB Cargo AG (3).

[109] Vgl. Gleißner & Möller, 2009, S. 222 f.

[110] Vgl. Feldmann, 2013, S. 24 ff.

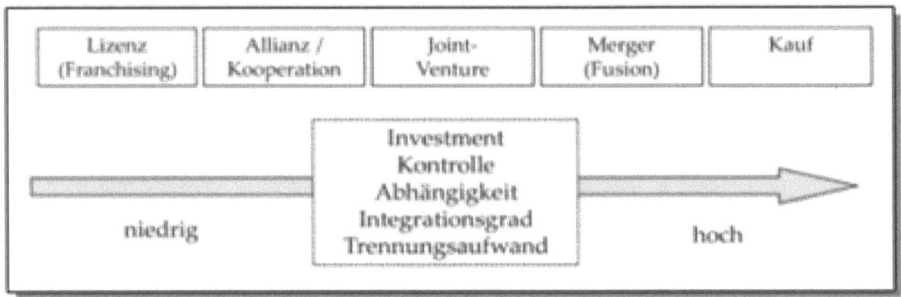

Abbildung 11: Ausprägung von Unternehmensverbindungen
(Quelle: Feldmann & Spratt, 2000, S. 10,
zit. n. Gleißner & Möller, 2009, S. 222)

Durch Gründung von Allianzen auf Basis vertraglicher Vereinbarungen schaffen Unternehmen eine strukturelle Flexibilität (im Gegensatz zu Joint Ventures oder Unternehmensübernahmen); der daraus resultierenden Flexibilität steht allerdings auch eine begrenzte Steuerungsmöglichkeit bzw. Einflussnahme gegenüber.[111]

Mit zunehmender Intensität der Unternehmensverbindung reduziert sich auch das Problem des Schutzes von Geschäftsgeheimnissen, d.h. Informations- bzw. Datentransparenz ist leichter realisierbar. Bei Konzernunternehmen gibt es dazu oftmals auch personelle Verflechtungen, die die Führung des Konzerns erleichtern. Allerdings kann das Controlling in Joint-Venture-Strukturen hinsichtlich der Wahrung von Unternehmensgeheimnissen bzw. Interessenkonflikten mit anderen wirtschaftlichen Betätigungen der Joint-Venture-Partner zu ähnlichen Problemen führen wie das unternehmensübergreifende Controlling innerhalb von Supply Chains.

Logistikketten werden jedoch nicht zwangsläufig durch ein einziges Unternehmen realisiert. Oftmals sind mehrere Dienstleister an der Leistungserstellung beteiligt. Mit den Möglichkeiten der Digitalisierung stellt sich somit die Frage, ob zukünftig nicht vermehrt eher lockere Unternehmensverbindungen eingegangen werden. Durch die Vernetzung von Unternehmen können auch unternehmensübergreifend Prozesse optimiert werden und Planungen mit

---

[111] Vgl. Brühl,2015, S. 172.

einer gemeinsamen Datenbasis durchgeführt werden.[112] Diese Form der Zusammenarbeit von Unternehmen verlangt vom Controlling eine hohe Flexibilität und setzt entsprechende technische Möglichkeiten zum Datenaustausch voraus. Beim Supply Chain Management kann die unternehmensübergreifende Zusammenarbeit die Wettbewerbsfähigkeit erhöhen.[113] Im Zusammenhang mit Logistik 4.0 stellt sich im Gegensatz dazu die Frage, inwieweit Kooperationen überhaupt noch einen Wettbewerbsvorteil darstellen, wenn letztendlich nahezu alle Unternehmen vernetzt und quasi „gezwungen" sind, unternehmensübergreifend zusammenzuarbeiten, um sich am Markt behaupten zu können. Hinzu kommt, dass die Herausforderungen beim Supply Chain Management bezüglich der Ausgestaltung der Zusammenarbeit[114] gleichermaßen auch im Rahmen von Logistik 4.0 zu bewältigen sind. Neben der Gestaltung von Anreizsystemen und dem Vertrauensschutz wird zukünftig auch zu klären sein, wie mit netzwerksspezifischem, d.h. nicht mehr einem einzelnen Unternehmen zuzuordnenden, Know-how umzugehen ist.[115] Die Beantwortung derartiger Fragestellungen lässt sich nicht automatisieren, sondern bedarf Verhandlungen zwischen den beteiligten Unternehmen und somit weiterhin der Mitwirkung des Menschen. Ebenso darf nicht übersehen werden, dass sich Netzwerkstrukturen nicht allein mit Hilfe von Tools implementieren und betreiben lassen, sondern dass die Aufgabenstellung, die ein Tool lösen soll, zuvor von Menschen definiert werden muss.[116] Die technischen Möglichkeiten (z.B. Big Data Analytics) können dabei nur unterstützen.

Gleichberechtigt neben dem wirtschaftlichen Ziel stehen die Ziele der ökologischen Verantwortung und des Top-Arbeitgebers für deren Erreichung zwar andere Unternehmensbereiche (z.B. Fahrzeugmanagement, Produktionsplanung, Personalmanagement) inhaltlich verantwortlich sind. Die Unterstützung des Managements

---

[112] Vgl. Stich et al., 2015, S. 72.

[113] Vgl. Stich et al, 2015, S. 72.

[114] Vgl. Gleißner, 2008, S. 35.

[115] Vgl. Brühl, 2015, S. 190.

[116] Vgl. Jung, 2016, S. 404 f.

und die Bereitstellung geeigneter Informationen obliegen jedoch auch hier dem Controlling.

Abschließend ist hier festzustellen, dass sich die bisherigen Aufgaben des Controllings bei der Strategischen Planung nicht grundlegend ändern werden; es wird allerdings andere inhaltliche Schwerpunkte geben. Zu nennen sind hier die Beteiligung und Moderation bei der Erarbeitung von Strategien, die Bewertung neuer Geschäftsfelder, Mitwirkung bei der Umsetzung der Digitalisierung sowie die Weiterentwicklung des Controllings.[117]

4.2.2. Planung

Im Rahmen einer Digitalisierungsstrategie müssen zunächst die bestehenden Prozesse kritisch hinterfragt werden. Zu den Hauptprozessen des Controllings gehören Planungsprozesse, die derzeit zeitaufwändig sind und Prozesskosten in Höhe von 1% bis 2% des Umsatzes verursachen.[118] Dabei ist die Finanzplanung oftmals eine Sekundärplanung mit aggregierten Daten aus einer vorgelagerten Produktionsplanung, wodurch Simulationen im Controllingbereich erschwert werden.[119] Für die Planung sollen deshalb zwei mögliche Lösungsansätze zur Vereinfachung des Planungsprozesses im Kontext von Logistik 4.0 betrachtet werden: die Campus Planung und die Nutzung von Treibermodellen. Beide Ansätze kommen auch bei der DB Cargo AG zur Anwendung. Außerdem soll geprüft werden, inwieweit veränderte Datengrundlagen zur Optimierung des Planungsprozesses beitragen können.

4.2.2.1 Optimierung von Planungsprozessen

Wesentliches Merkmal der Campus Planung ist, dass die Unternehmensleitung vor dem offiziellen Beginn des Planungsprozesses für die wichtigsten Kennzahlen Leitplanken vorgibt und die vorge-

---

[117] Vgl. Tschandl & Mallaschitz, 2016, S. 91, 94.

[118] Vgl. Mosler, 2017, S. 578.

[119] Vgl. Mosler, 2017, S. 492.

schaltete Bottom-Up-Planung entfällt.[120] Daran anschließend erfolgen dann die Leistungsmengenplanung und die Finanzplanung:

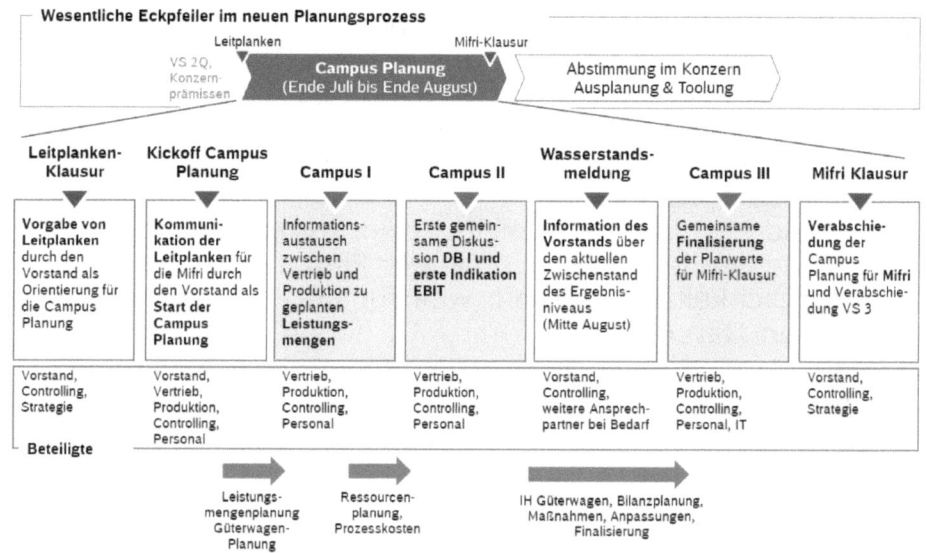

Abbildung 12: Campus Planung am Beispiel der DB Cargo AG (Quelle: Internationaler Controller Verein e.V.)

Hieraus resultieren ein geringerer Zeitbedarf und eine effizientere Abstimmung der Feinplanung, da der Planungsansatz einen engen Zeitrahmen vorgibt. Die Potenziale der Digitalisierung haben gleichermaßen positiven Einfluss auf die Campus Planung. Dies betrifft insbesondere die schnellere Verfügbarkeit von Daten und die größere nutzbare Datenbasis (Big Data). Das Instrument der Campus Planung kann deshalb als geeignete Ergänzung (Rahmenvorgabe für den Planungsprozess) zur Digitalisierung angesehen werden.

Ein weiterer Top-Down-Planungsansatz[121] ist die Verwendung von Treibermodellen. Dabei werden nur solche Planungsgrößen berücksichtigt, die wesentliche Auswirkungen (80% bis 90%) auf das Un-

---

[120] Vgl. CTcon GmbH, S. 3.
[121] Vgl. Kappes & Schentler, 2015, S. 166.

ternehmensergebnis haben;[122] Ungenauigkeiten in der Planung werden somit bewusst akzeptiert. Der strukturierte Ansatz von Treibermodellen ermöglicht es, Zusammenhänge des Geschäftsmodells transparent darzustellen.[123] Der Aufbau von Treibermodellen soll nach Gleich[124] möglichst so konzipiert sein, dass alle spezifischen Abhängigkeiten berücksichtigt werden. Dies steht jedoch in einem gewissen Widerspruch zu einem vereinfachten Planungsansatz. Deshalb sollte auch hier eine Konzentration auf wesentliche Abhängigkeiten erfolgen. Ähnlich wie der Leitplankenansatz im Rahmen der Campus Planung wird auch bei Treibermodellen ein gewisser Grad an Ungenauigkeit bewusst in Kauf genommen. Durch Big Data werden sich auch bei der Planung mit Treibermodellen neue Möglichkeiten eröffnen, weil für den Planungsansatz auf einen größeren Datenbestand (mit u.U. neuen Zusammenhängen) zurückgegriffen werden kann. Dies erhöht trotz des vereinfachten Ansatzes die Genauigkeit der Planung[125] sowie die Akzeptanz von Treibermodellen.[126]

Treibermodelle können auch für Simulationen verwendet werden,[127] sind Voraussetzung für die Bildung dynamischer KPI[128] und eine mögliche Methode von Data Analytics im Zusammenhang mit Big Data. Voraussetzung ist auch hier, dass die „richtigen" Daten zusammengestellt und – falls erforderlich – vorher aufbereitet wurden. Da sich abzeichnet, dass Planungsprozesse zukünftig verstärkt auf Vorschauprozesse konzentriert sein werden, stellen Treibermodelle, die um Simulationselemente erweitert sind, ein geeignetes Planungsinstrument dar. Die nachfolgende Abbildung verdeutlicht die Einordnung von Treibermodellen in das betriebliche Rechnungswesen. Dabei wird auch deutlich, welche Vorteile Treibermodelle gegenüber Planungen bieten, die ausschließlich auf Ba-

---

[122] Vgl. Kappes & Schentler, 2015, S. 164.

[123] Vgl. Kappes & Schentler, 2015, S. 158.

[124] Vgl. Gleich, 2013, S. 217.

[125] Vgl. Grönke & Heimel, 2014, S. 128, Schön, 2016, S. 300.

[126] Vgl. Kappes & Schentler, 2015, S. 164.

[127] Vgl. Kappes & Schentler, 2015, S. 165 f.

[128] Vgl. Mödritscher & Wall, 2017, S. 425.

sis der Buchhaltungsdaten und auf Basis von Controllingberichten erstellt werden.

Abbildung 13:   Treibermodelle auf mittlerer Detaillierungsebene
                  (Quelle: Kappes & Schentler 2015, S. 160)

Die unterjährige Vorschau kann mit dem Treibermodell auch als Middle-Up-Prozess gestaltet werden, d.h. dass der Planungsprozess auf der mittleren Managementebene beginnt.[129] Dies verkürzt nicht nur den Vorschauprozess, da mindestens eine Unternehmensebene weniger mitwirkt, sondern erscheint auch angesichts einer besseren Datenbasis im Rahmen von Big Data vertretbar. Potenziale liegen zudem im Bereich der automatisierten Vorgabe von Vorschlagswerten. Durch die Digitalisierung besteht somit die Möglichkeit, eine automatisierte Vorschau (ggf. mit Simulation von Varianten) zu erstellen. Da Treibermodelle grundsätzlich auch strategische Treiber (z.B. Wettbewerbssituation, Kundenzufriedenheit) enthalten,[130] wird an dieser Stelle die Grenze der Automatisierung deutlich. Diesbezüglich wird noch eine manuelle Anpassung in Form einer Auswahlentscheidung durch Menschen erforderlich sein.

---

[129] Vgl. Kappes & Schentler, 2015, S. 164.

[130] Vgl. Kappes & Schentler h, 2015, S. 165.

Treibermodelle sind ein Top-Down-Ansatz[131] und somit als Ergänzung zur Leitplankenplanung geeignet. Während durch die Leitplanken die Rahmenbedingungen vorgegeben werden, ermöglicht die Verwendung von Treibermodellen die Umsetzung dieser Rahmenbedingungen in die wesentlichen Einflussgrößen. Die Kombination von Campus Planung und Werttreibermodellen eröffnet somit weitere Optimierungspotenziale.

4.2.2.2 Ergänzende Planungsinstrumente

Ergänzend zur Campus Planung und zum Werttreibermodell können weitere Planungsinstrumente angewandt werden, beispielsweise

- Total Cost of Ownership (TCO)

- Produktbenchmarking

- Target Costing.

Der Ansatz Total Cost of Ownership betrachtet insbesondere auch Folgekosten (z.B. Entsorgungskosten), die im Zusammenhang mit Investitionen oder der Produktion von Waren (z.B. Entsorgungskosten für chemische Produkte entstehen).[132] Im Bereich Logistik könnten hier beispielsweise Entsorgungskosten im Zusammenhang mit dem Transport von Gefahrgut oder zukünftig auch Umweltabgaben (Green Logistics, Nachhaltigkeit) von Bedeutung sein. Die Verwendung von Big Data wird diese Gesamtkostenbetrachtung vereinfachen. Dieser Ansatz soll hier jedoch nicht weiter vertieft werden.

Produktbenchmarking und Target Costing sollen an dieser Stelle wegen der engen inhaltlichen Verbindung zusammen betrachtet werden. Beim Produktbenchmarking werden vergleichbare Produkte von Wettbewerbern mit eigenen Produkten verglichen.[133] Im Bereich des Schienengüterverkehrs ist eine gute Vergleichbarkeit ge-

---

[131] Vgl. Kappes & Schentler, 2015, S. 166.

[132] Vgl. Geißendörfer et al., 2010, S. 467 f.

[133] Vgl. Sauter & Bode, 2010, S. 483.

geben, da sich die Produktionsbedingungen für Bahntransporte systembedingt nicht unterscheiden. Mit IT-Anwendungen wie Frachtenbörsen und der größeren Datenbasis (zusätzliche Daten aus externen Quellen bzw. sozialen Medien) besteht zukünftig eine größere Transparenz, die die Ermittlung von Benchmarks erleichtern wird. Die ermittelten Benchmarks bilden sodann den Ausgangspunkt für das Target Costing, indem nach Abzug der Gewinnmarge die maximal zulässigen Kosten als Zielwert für die Planung ermittelt werden.[134] Der Abstimmungsbedarf sowie der Zeitaufwand erschwerten in der Vergangenheit die Implementierung des Ansatzes in Unternehmen.[135] Diese Erschwernisse könnten durch die Vereinfachung von Prozessen im Rahmen von Logistik 4.0 sowie durch die zur Verfügung stehenden Daten (Big Data) beseitigt oder zumindest verringert werden.

4.2.2.3. Datengrundlagen für die Planung

Die (Mehr-) Jahresplanung von Unternehmen wird durch unterjährige Vorschauplanungen ergänzt, die im Rahmen der Digitalisierung weiter an Bedeutung gewinnen werden. Gründe hierfür sind:

- die Volatilität der Nachfrage

- die Möglichkeit, mit Predictive Analytics Prognosen auf Basis von Big Data zu erstellen

- der geringere Zeitbedarf für Planungsprozesse (Teilautomatisierung).[136]

Zudem hat auch die Verfügbarkeit von Echtzeitdaten Einfluss auf den Planungsprozess. Inwieweit eine Planung mit Echtzeitdaten sinnvoll ist, muss für jeden Sachverhalt (d.h. entweder für einzelne Unternehmen oder für Netzwerke mehrerer Unternehmen) im Einzelfall eingehend geprüft werden. In jedem Fall ermöglichen Echtzeitdaten eine permanente Überprüfung von Kostenentwicklungen

---

[134] Vgl. Sauter & Bode, 2010, S. 483.

[135] Vgl. Sauter & Bode, 2010, S. 485.

[136] Vgl. Sauter, 2016, S. 153 f.

sowie eine Zustandsüberwachung[137] (für die DB Cargo AG sind hier die Projekte Intelligenter Güterwagen und TechLok zu nennen). Hieraus lassen sich zumindest für die operative Durchführung Maßnahmen ableiten.

Im Bereich des Transportwesens sind auch die Sendungsdaten Teil der Echtzeitdaten. Insofern wird der Datenaustausch zwischen Verladern, Logistikdienstleistern und Frachtführern zukünftig große Bedeutung haben.[138] So könnte beispielsweise die Auswertung dieser Daten zur Ermittlung zukünftiger Sendungsströme bzw. Absatzmärkte dienen und als Planungsprämisse verwendet werden. Im Zusammenhang mit dem unternehmensübergreifenden Datenaustausch kommt hier vereinfachend hinzu, dass Sendungsdaten innerhalb von Unternehmensnetzwerken – im Gegensatz zu Finanzdaten – kein Betriebsgeheimnis darstellen. Insofern gestaltet sich der Datenaustausch – zumindest in diesem Punkt – einfacher. Daneben sind auch rein unternehmensinterne Echtzeitdaten für das Controlling von Bedeutung. Mit nutzungsabhängigen Abschreibungen von Maschinen und Anlagen können eine genauere Bewertung des Anlagevermögens und Steuerung des Betriebsergebnisses erreicht werden.[139] Unmittelbar damit zusammenhängend sind auch die Investitions- und Instandhaltungsplanung. Die Investitionsplanung kann entweder Teil der Unternehmensstrategie sein (im Bereich Schienengüterverkehr z.B. die Anschaffung zusätzlicher Lokomotiven und Güterwagen für Neuverkehre) oder als Ersatzinvestition für vorhandene Sachanlagen. Dabei besteht zwischen der Ersatzinvestition und der Instandhaltungsplanung ein inhaltlicher Zusammenhang. Für die Instandhaltungsplanung existieren spezielle IT-Lösungen (Computerized Maintenance Management System [CMMS] bzw. Instandhaltungsplanungs- und -steuerungssystem [IPS]), die z.T. mit ERP- und Controllingsystemen vernetzt sind.[140] Bei der DB Cargo AG werden im Rahmen von Logistik 4.0 mit den Projekten Intelligenter Güterwagen und TechLok IT-Systeme für die bedarfsabhängige Instandhaltungsplanung von Schienenfahrzeu-

---

[137] Vgl. Mosler, 2017, S. 575; Bruhn & Hadwich, 2017, S. 17.

[138] Vgl. Breusch, 2015, S. 43.

[139] Vgl. Buschbacher, 2016, S. 44.

[140] Vgl. Hausladen, 2016, S. 213, 215.

gen eingeführt. Durch die automatisierte Vorhersage möglicher Störungen und Datenübermittlung von den Fahrzeugen an stationäre IT-Systeme ergibt sich für das Controlling eine größere Planungsgenauigkeit in Bezug auf Instandhaltungskosten (bzw. erforderlicher Ersatzinvestitionen), Materialeinkauf (Ersatzteile) und ggf. kurzfristiger Anmietung zusätzlicher Fahrzeugressourcen zur Abdeckung von Ausfallzeiten infolge von Werkstattaufenthalten.

Der Einsatz von 3D-Druckern[141] hat ebenfalls direkten Einfluss auf das Controlling. Die Herstellung von Einzelteilen im konkreten Bedarfsfall vermindert die Vorräte und wirkt sich damit auf die Bilanzplanung aus. Bei Transportunternehmen hat die Verbreitung von 3D-Druckern zwar auch einen Einfluss auf die Erlöse und Transportleistungen, allerdings steht im Idealfall der wegfallenden Transportmenge aufgrund von 3D-Ausdrucken vor Ort zumindest in Teilen eine neue Transportmenge für die Verbrauchsmaterialien und die 3D-Drucker selbst gegenüber.

Neue Gestaltungsmöglichkeiten aufgrund der Digitalisierung ergeben sich ebenfalls für die (Vor-) Kalkulation. Zum einen können Kostenstrukturen laufend überwacht werden, da der Datenaustausch im Zielzustand automatisiert erfolgt, zum anderen kann eine flexible Kalkulationslogik in den Systemen hinterlegt werden, die kurzfristige Anpassungen an der Verrechnungslogik ermöglicht. Dabei ist allerdings zu beachten, dass Anpassungen an der Verrechnungslogik einerseits zwar eine „richtige" Kostenzuordnung ermöglichen, andererseits wird damit aber auch immer die Vergleichbarkeit mit historischen Daten und Plandaten erschwert. Während Vergangenheitsdaten quasi als „eingefroren" gelten – insbesondere soweit sie auch für Zwecke des externen Rechnungswesens verwendet wurden – könnten Plandaten für verschiedene Szenarien, also somit auch für unterschiedliche Verrechnungslogiken berechnet werden. Der mangelnden Vergleichbarkeit mit historischen Daten kann nur dadurch begegnet werden, wenn sämtliche Daten in ihrem Ursprungszustand (d.h. ohne jegliche Verarbeitung) vorgehalten werden, um dann damit eine Simulation auf Basis einer neuen Verrechnungslogik durchführen zu können. Eine höhere Genauigkeit bei der Kalkulation und Kostenrechnung darf jedoch nicht die

---

[141] Vgl. Lehmacher, 2015, S. 13.

Komplexität erhöhen und somit die Verwendbarkeit von Controlling-daten für Managemententscheidungen nachteilig beeinflussen.

Der Datenaustausch über Unternehmensgrenzen hinweg ist insbesondere aufgrund der Volatilität der Nachfrage für Unternehmen des Schienengüterverkehrs von Bedeutung, da es sich bei den Transportleistungen um eine abgeleitete Nachfrage handelt. Für Waren produzierende Unternehmen ist in diesem Zusammenhang auch der Begriff Smart Logistics von Bedeutung, da aufgrund von Maschine-zu-Maschine-Kommunikation die Transportplanung optimiert werden kann.[142] In diesen Unternehmen können Logistikprozesse durch einen unternehmensübergreifenden Datenaustausch und durch eine digitale Vorschau vom Rohstoffeinkauf bis zur Bereitstellung für die Produktion automatisiert und optimiert werden.[143] Mit Hilfe dieser Vorschau kann auch durch Simulation verschiedener KPI über die Annahme von Aufträgen entschieden werden.[144] Damit können klassische Aufgaben der Kurzfristplanung des Controllings (Vorkalkulation) mit einer Datenverarbeitung in Echtzeit automatisiert werden, da die Bewertung von KPI durch Algorithmen abgebildet werden kann. Im Bereich des Schienengüterverkehrs erfolgt eine kurzfristige Planung u.a. bei der Erstellung von Schichtplänen für Lokführer und von Einsatzplänen für Lokomotiven. Dabei gibt es im Bereich der Kurzfristplanung grundsätzlich keine Schwankungen bei den verfügbaren Ressourcen (es wird unterstellt, dass Ausfallzeiten bereits bei der Ressourcendimensionierung berücksichtigt wurden). Mehrbedarfe müssen somit über einen (externen) Leistungseinkauf gedeckt werden. Bei der DB Cargo AG erfolgt die Entscheidung über die Menge der zu fahrenden Züge über das Kapazitätsmanagement, womit eine wirtschaftliche Auslastung der Züge sichergestellt werden soll.[145] Auch wenn die Optimierung der Zugauslastung unmittelbare Auswirkungen auf das finanzielle Ergebnis hat, handelt es sich hier in erster Linie um ein Verfahren zur Produktionsoptimierung.

---

[142] Vgl. Graef, 2016, S. 76.
[143] Vgl. Degenhart, 2015, S. 55, Horváth, 2015, S. 80.
[144] Vgl. Lanza et al., 2015, S. 96.
[145] Vgl. Richta, 2016, S. 44.

4.2.2.4. Anpassungsmöglichkeiten für den Planungsprozess durch den Einsatz von AEP-Systemen

Die Campus Planung und die Verwendung von Werttreibermodellen bieten Lösungsansätze um den Planungsprozess zu vereinfachen. Beide Instrumente beziehen sich auf die Ablauforganisation der Planung und sind unabhängig von konkreten technischen Lösungen einsetzbar. In den vorangegangenen Kapiteln wurde aufgezeigt, wie das Controlling durch die Vernetzung und Big Data zukünftig mit Informationen versorgt wird. Insbesondere der Hinweis auf zu entwickelnde Werkzeuge zur Analyse der Daten verweist dabei implizit auf jeweils eigenständige IT-Systeme. Einen ganzheitlichen Systemansatz stellen AEP-Systeme als technisches Hilfsmittel für die Unternehmensplanung dar. Aus diesem Grund soll abschließend geprüft werden, inwieweit sich AEP-Systeme im Rahmen von Logistik 4.0 für die Unternehmensplanung eignen.

AEP-Systeme sind eine „Realtime"-In-Memory-Anwendung und ermöglichen eine erweiterte Planungsrechnung durch eine integrierte Erfolgs-, Finanz- und Bilanzplanung mit umfangreichen Simulationsmöglichkeiten.[146] Mosler sieht darin perspektivisch die Möglichkeit, Planungsprozesse durch selbststeuernde Systeme zu ersetzen. Diese Potenziale werden sich primär bei der Herstellung physischer Produkte realisieren lassen; für den Dienstleistungsbereich und somit auch für die Logistik erscheint eine differenziertere Bewertung erforderlich. Die Herstellung physischer Produkte läuft trotz Vernetzung in relativ geschlossenen Netzwerken ab. Der Schienengüterverkehr als Teil der logistischen Dienstleistungen unterscheidet sich davon in einem wesentlichen Punkt: durch die Zugangsregelungen zur Eisenbahninfrastruktur (diskriminierungsfreier Zugang gemäß § 10 ERegG) ist den einzelnen Eisenbahnverkehrsunternehmen ein maßgeblicher Teil der flexiblen Ressourcenplanung entzogen. Aufgrund dieser Abhängigkeit von Eisenbahninfrastrukturunternehmen erscheinen die Einsatzmöglichkeiten selbststeuernder Systeme nach derzeitigem Stand der Technik sehr beschränkt.

---

[146] Vgl. Mosler, 2017, S. 528-533.

4.2.2.5. Bewertung der Lösungsansätze für die Planung

Jede Vereinfachung des Planungsprozesses entlastet die operativen Einheiten und erhöht die Kapazitäten für die Wahrnehmung der Kernaufgaben.[147] Eine umfassende Gesamtlösung ist derzeit nicht erkennbar, auch wenn mit den AEP-Systemen ein Lösungsansatz existiert. Bei der Nutzung von Echtzeitdaten ist allerdings immer auch die Komplexität betrieblicher Planungsprozesse zu berücksichtigen und zu prüfen wie flexibel eine Steuerung letztendlich möglich ist.

4.2.3. Berichtswesen

Neben der Planung gehört das Berichtswesen zu den Kernaufgaben des Controllings. Dazu soll nachfolgend untersucht werden, wie sich die neuen Möglichkeiten, die sich durch die Digitalisierung ergeben, hier auswirken. Der Begriff Berichtswesen soll dabei nicht nur auf kaufmännische Berichte begrenzt sein, sondern auch Produktions-, Vertriebs- und Qualitätsberichte umfassen. Weil zukünftig große Datenmengen nahezu in Echtzeit verfügbar sein werden, reduziert sich der Zeitbedarf für die Datenerhebung und -bereitstellung.[148] Bevor jedoch neue IT-Lösungen entwickelt werden, ist auch für das Berichtswesen zunächst der Ist-Zustand aufzunehmen, zu analysieren und zu bewerten. Dies schließt auch ein, den Sinn und Nutzen bestehender Berichte sowie die Auswahl von Kennzahlen zu hinterfragen.[149] Unabhängig von der konkreten Gestaltung einzelner Berichte zeichnet sich der Trend ab, dass graphische Darstellungen zukünftig andere Darstellungsformen ersetzen werden, um eine leichte Lesbarkeit der Berichte auf mobilen Endgeräten (z.B. Smartphone, Tabletcomputer) zu gewährleisten.[150] Bei

---

[147] Vgl. Brühl, 2015, S. 186.

[148] Vgl. Sauter, 2016, S. 154.

[149] Vgl. Sauter, 2016, S. 154, Lanza et al., 2015, S. 82.

[150] Vgl. Losbichler, 2016, S. 56; Lanza et al., 2015, S. 82.

der DB Cargo AG wurde zur Qualitätssteuerung des Schienengüterverkehrs ein graphisches Qualitäts-Cockpit entwickelt, auf dem 10 Kennzahlen (z.B. Pünktlichkeitswerte) in einem 2-Stunden-Rhythmus bereitgestellt werden können.[151] Dieses Praxisbeispiel zeigt, dass auch nicht-monetäre Kennzahlen für ein neues Berichtswesen im Umfeld von Logistik 4.0 von Bedeutung sind. Außerdem verdeutlichen die Bereitstellungsintervalle von 2 Stunden den Trend zu Kurzfristberichten. Im Bereich der Warenproduktion werden Fertigungsprozesse z.T. mit Echtzeitberichten überwacht.[152] Damit vergleichbar ist die Transportüberwachung, die bei der DB Cargo AG mit dem Projekt Intelligenter Güterwagen realisiert wird. Diese Berichte mit Echtzeitdaten dienen primär der Produktionssteuerung, dennoch kann auch das Controlling diese Daten im Rahmen von Predictive Analytics nutzen.

Bei einer graphischen Berichterstellung kann die Verwendung von Werttreibermodellen sinnvoll sein, denn die Darstellung der Entwicklung der Treiber ist aufgrund des direkten Zusammenhangs mit dem Ergebnis selbsterklärend und erfordert keine weitere Kommentierung in Textform.[153] Unter diesem Aspekt erscheint das Werttreibermodell ebenfalls als ein geeigneter Ansatz für ein Berichtswesen auf mobilen Endgeräten. Der dadurch mögliche Verzicht auf eine Kommentierung setzt voraus, dass für das Werttreibermodell die „richtigen" Einflussgrößen ausgewählt wurden. Ein mobiles Berichtswesen bietet außerdem den Vorteil, dass Informationen ortsunabhängig und empfängergerecht bereitgestellt werden können.[154]

Die Erstellung von Standardberichten wird zukünftig automatisiert möglich sein, wenn zuvor entsprechende Tools zur Datenauswertung entwickelt und implementiert wurden. Dies ermöglicht die Verlagerung von Aufgaben des Berichtswesens in andere Organisationseinheiten des Unternehmens und führt zu einem neuen Tätigkeitsschwerpunkt von Controllern in den Bereichen Vorschau und

---

[151] Vgl. Richta, 2016, S. 46.

[152] Vgl. Winker et al, 2016, S. 238 ff., Thiele et al., S. 63, Mosler, 2017, S. 502.

[153] Vgl. Kappes & Schentler, 2015, S. 171.

[154] Vgl. Schön, 2016, S. 324.

Predictive Analytics.[155] Die Erstellung von Standardberichten kann dabei zentral (z.B. in Shared Service Center) oder dezentral (in Fachabteilungen) erfolgen. Da sich auch Standardanalysen in die Fachabteilungen verlagern lassen, kommt der Vorgabe der Auswertungsstrukturen und -formate eine besondere Bedeutung zu. Diese Vorgaben müssen vor Implementierung einer IT-Lösung gemeinsam von Fachabteilung und Controlling definiert werden. Dies gilt insbesondere für fortgeschrittene Entwicklungsstufen des Berichtswesens, in denen die Adressaten von Berichten die Möglichkeit haben, individuelle Ad-hoch-Berichte zu erstellen („Self-Service-Reporting").[156] Dabei ist auf eine leichte Verständlichkeit und einfache Strukturierung zu achten, damit die Daten auch für Anwender außerhalb des Controllingbereichs nachvollziehbar sind.[157] Werden diese Anforderungen bei der Konzeptionierung nicht beachtet, besteht in den Fachabteilungen die Gefahr einer mangelnden Akzeptanz. Mit der Möglichkeit des Self-Service-Reporting könnte letztendlich sogar die Existenzberechtigung von Shared Service Center in Frage gestellt werden. Dies setzt jedoch einen nahezu vollständigen Automatisierungsgrad bei der Berichtserstellung sowie eine bedienerfreundliche und leicht verständliche Software für die Adressaten der Berichte voraus.

4.2.4. Bedeutung von Kennzahlen zur Unternehmenssteuerung

Die Definition und Ermittlung von Kennzahlen zählt zu den Instrumenten des (Logistik-) Controllings. Kennzahlen ermöglichen neben unternehmensinternen Vergleichen (z.B. Plan-Ist, verschiedene Leistungsperioden, verschiedene Unternehmensstandorte) auch externe Vergleiche (z.B. mit Wettbewerbern). Letzteres setzt voraus, dass diese Daten veröffentlicht sind, was aber aufgrund von Betriebsgeheimnissen eher die Ausnahme sein wird. Diese Informationslücke könnte zukünftig durch die systematische Auswertung Sozialer Medien zumindest teilweise geschlossen werden. Im

[155] Vgl. Thiele et al., 2016, S. 76 f.
[156] Vgl. Bange, 2016, S. 117 f., Sengewald, 2017, S. 6.
[157] Vgl. Weber, 2012, S. 43.

Zusammenhang mit der größeren Datenbasis obliegt es dem Controlling, möglichst wenige Kennzahlen („Schlüsselkennzahlen" / KPI) mit hoher Aussagekraft zu definieren und damit eine fundierte Datenbasis für Managemententscheidungen bereitzustellen.[158]

Aus den bisherigen Ausführungen zeichnet sich ab, dass sich auch die zur Bildung der Kennzahlen benötigte Datenbasis durch Logistik 4.0 verändern wird. Die wesentlichen Gründe hierfür sind der größere Bestand an Basisdaten (Big Data) sowie die Verfügbarkeit von Echtzeitdaten. Dies ermöglicht Simulationen und Vorschauen, um dem Management Alternativen und Konsequenzen bei der Entscheidungsfindung aufzeigen zu können.[159] Obwohl Echtzeitdaten primär für kurzfristige Entscheidungen bei der (Produktions-) Steuerung relevant sind, ergeben sich auch unmittelbare Nutzen für das Controlling: Simulationen und Vorschauen können mit wesentlich aktuelleren Werten erstellt werden (d.h. es entsteht z.B. kein Zeitverzug durch Abwarten des folgenden Monatsabschlusses). Darüber hinaus ergibt sich ein Nutzen für die Steuerung von Projekten, da hier u.U. kurzfristige Entscheidungen zu treffen sind.

Dynamische KPI ermöglichen Simulationen in größeren Zusammenhängen, da im Rahmen von Big Data auch nicht aggregierte Daten zur Verfügung stehen.[160] Die hierdurch bestehende Transparenz ermöglicht die Identifizierung von Abweichungsursachen und die Einleitung geeigneter Gegensteuerungsmaßnahmen. Außerdem weist Controlling im Logistikbereich eine starke Kontextabhängigkeit auf und erfordert immer auch eine Kontrolle der Rahmenbedingungen.[161] Wenn die Rahmenbedingungen bei der Kontrolle unberücksichtigt bleiben, besteht die Gefahr, falsche Schlüsse aus den Daten zu ziehen. Ein Soll-Ist-Vergleich der Erlös- und Kostenstruktur muss vor einer Bewertung auch einen Soll-Ist-Vergleich der Rahmenbedingungen umfassen. Dies betrifft z.B. sozio-ökonomische Rahmenbedingungen, Markt- / Wettbewerbsbedingungen oder Effekte durch technischen Fortschritt, für die bei der

---

[158] Vgl. Gleißner & Möller, 2009, S. 138.

[159] Vgl. Horváth & Aschenbrücker, 2015, S. 55.

[160] Vgl. Buschbacher, 2016, S. 43, Schön., 2016, S. 300.

[161] Vgl. Blum, 2006, S. 70.

Planung Annahmen getroffen wurden. Hinzu kommen Sondereffekte durch unvorhersehbare Ereignisse (z.B. Streik, Sturm, Hochwasser usw.), die i.d.R. nicht Bestandteil der Planung sind, die aber für die Soll-Ist-Analyse bzw. Bewertung relevant sind. Die Rückgriffsmöglichkeit auf Rohdaten ermöglicht auch die Bereinigung von KPI um die vorgenannten Sondereffekte und den Vergleich mit anderen Abrechnungsperioden. Hieraus resultiert eine höhere Qualität der Informationen als Grundlage für Managemententscheidungen.

4.2.4.1. Schienengüterverkehr

Im Bereich des Schienengüterverkehrs erfordern die Wettbewerbsbedingungen eine hohe Effizienz in der Produktion,[162] da auf dem deutschen Schienennetz zur Zeit ca. 380 Eisenbahnverkehrsunternehmen Transportleistungen im Schienengüterverkehr anbieten.[163] Zur Sicherstellung der Wettbewerbsfähigkeit müssen Kennzahlen transparent sein;[164] eine zu starke Verdichtung ist zur Unternehmenssteuerung ungeeignet. In den Unternehmen muss deshalb ein Bewusstsein für prozessorientierte (und ggf. auch unternehmensübergreifende) Kennzahlen entstehen. Wenn eine Transportleistung im Schienengüterverkehr gemeinsam von mehreren Eisenbahnverkehrsunternehmen erbracht wird reicht es beispielsweise nicht aus, die Pünktlichkeitsquote nur eines beteiligten Unternehmens zu berücksichtigen. Zur unternehmensübergreifenden Steuerung auf der Basis von Kennzahlen kann ein gemeinsames Cockpit geschaffen werden.[165] Dieses Instrument aus dem Supply Chain Management eignet sich ebenfalls für die Steuerung im Rahmen von Logistik 4.0.

Aus Sicht der EVU haben neben den Finanzkennzahlen die Auslastungskennzahlen als Teil der Produktionskennzahlen eine große Bedeutung. Die wesentlichen Messgrößen sind die Gewichtsauslas-

---

[162] Vgl. Brühl, 2015, S. 110.

[163] Vgl. Eisenbahn-Bundesamt.

[164] Vgl. Tschandl & Mallaschitz, 2016, S. 96.

[165] Vgl. Altmayer & Stölzle, 2016, S. 47 f.

tung, Volumenauslastung, Entfernungsauslastung sowie die Zeit-auslastung, die sowohl jeweils fahrzeugbezogen als auch in Kombination betrachtet werden können, allerdings gehen damit Transparenz und somit mögliche Ansatzpunkte für Steuerungsmaßnahmen verloren.[166] Die Entfernungsauslastung lässt sich – insbesondere im Schienengüterverkehr – nur schwer optimieren, da hierfür paarige Gütermengen mit ähnlichen Anforderungen an die zu verwendeten Transportmittel zwischen Quelle und Senke Voraussetzung sind. Bei der Gewichtsauslastung und der Zeitauslastung ergeben sich im Eisenbahnverkehr zusätzliche externe Restriktionen, die die Optimierungsmöglichkeiten der Auslastung durch die EVU einschränken. Dies betrifft u.a. Gewichtsbeschränkungen (Grenzlasten[167]) sowie die begrenzte Leistungsfähigkeit der Infrastruktur[168] (Auslastung von Streckenabschnitten und Bahnhöfen). Eine hohe Auslastung der Infrastruktur entsteht auch durch den regulatorischen Rahmen, der allen zugelassenen EVU einen diskriminierungsfreien Zugang zur Infrastruktur gewährt.[169] Auslastungskennzahlen sind dennoch von Bedeutung, da es sich bei Transportdienstleistungen um nicht-lagerfähige Produkte handelt und eine zeitliche Deckungsgleichheit zwischen Produktion und Nutzung (-smöglichkeit) der Dienstleistung besteht.

Für die Kunden der EVU sind neben den Transportkosten in erster Linie Servicekennzahlen (insbesondere die Pünktlichkeit) von Bedeutung. Aus Kundensicht ist dabei entscheidend, wie der Gesamtprozess abläuft. Mit der Prozesskostenrechnung – die in diesem Fall dann um nicht-monetäre Daten ergänzt werden muss – wird daher eine geeignete Basis zur Kennzahlenbildung geschaffen. Die Festlegung des Informationsbedarfs zur Ermittlung dieser Kennzahlen fällt in die Zuständigkeit des Controllings, wohingegen die Schaffung der technischen Voraussetzungen (Data Analytics, Netzwerk) in die Zuständigkeit der IT-Abteilung fällt.

---

[166] Vgl. Aberle, 2009, S. 235.
[167] Vgl. DB Netz AG.
[168] Vgl. Aberle, 2009, S. 237.
[169] Vgl. Aberle, 2009, S. 253.

4.2.4.2. Projekte

Zur Steuerung von Projekten werden ebenfalls Kennzahlen genutzt. Typische Kennzahlen sind während der Entwicklungsphase u.a. Realisierungsquote bzw. Arbeitswert, Termintreue und Budgetabweichungen,[170] nach Abschluss der Entwicklung wird der Erfolg anhand vorher definierter Kennzahlen gemessen. Für Innovationsprojekte ist während der gesamten Entwicklungsphase zu prüfen, inwieweit die Eignung vorher definierter Messkriterien noch Bestand hat. Dies gilt insbesondere bei geänderten Rahmenbedingungen (z.B. Strategieänderung, Änderung der Marktsituation), die eine Anpassung von Messkriterien / Kennzahlen erforderlich machen. Ein möglicher methodischer Ansatz ist die Balanced Scorecard. Wenn auch an dieser Stelle nicht detailliert auf diese Methode eingegangen werden kann, sollen dennoch einige Einzelaspekte kurz aufgegriffen werden. Die Balanced Scorecard eignet sich nicht nur zur Steuerung einzelner Projekte, sondern kann auch zur Entscheidung zwischen verschiedenen Projekten herangezogen werden.[171] Dies gilt nicht nur für die Entscheidung zwischen verschiedenen Alternativlösungen, sondern auch für eine Priorisierung von Projekten innerhalb eines Projektportfolios (Gesamtheit aller geplanten Unternehmensprojekte) von Unternehmen. Eine Priorisierung kann dabei u.a. bei einer konkurrierenden Nutzung von Ressourcen erforderlich werden (z.B. Mitarbeit von Personalen aus Fachabteilungen, die für mehrere Projekte benötigt werden). Des Weiteren werden in der Balanced Scorecard auch nicht-monetäre Kriterien berücksichtigt (hier wäre insbesondere der Innovationsgrad[172] eines Projektes relevant).

Auch für das Projektcontrolling ergeben sich daher neue Potenziale durch eine größere Datenbasis zur Prämissenverfolgung, Bewertung von Einzelkriterien der Balanced Scorecard und Abweichungsanalyse. Zudem kann durch die beschleunigte Zugriffsmöglichkeit auf Daten die Qualität kurzfristiger Entscheidungen der Projektleitung verbessert werden.

---

[170] Vgl. Kaschny et al., 2015, S. 375- 379, Schwolgin, 2015, S. 133, Noé, 2017, S. 118-122.

[171] Vgl. Schreckeneder, 2013, S. 91.

[172] Vgl. Schwolgin, 2015, S. 136.

4.2.4.3. Weitere Anwendungsbereiche

Die vorgenannten Ausführungen konzentrierten sich i.W. auf die Bereiche Logistik und Innovationen. Nachfolgend soll an drei Beispielen aufgezeigt werden, inwieweit sich auch in anderen Themenbereichen des Berichtswesens Änderungen ergeben können.

Der zunehmenden Bedeutung von Umweltaspekten im Bereich Logistik kann durch die Erfassung und Bewertung ökologischer Daten Rechnung getragen werden.[173]. Durch die Einhaltung bestimmter Vorgaben können sich für Logistikunternehmen Wettbewerbsvorteile ergeben, da Ökologie und Nachhaltigkeit das Image eines Unternehmens verbessern. Die Veröffentlichung einer Ökobilanz kann auch unter Marketingaspekten relevant sein (Sensibilität der Kunden bzw. Präferenzen für eine „grüne Industrie"). In der Außenwahrnehmung kann dies als Indiz für die ökologische Verantwortung des eigenen unternehmerischen Handels gewertet werden. Ein Beispiel für diese Form der Berichterstattung ist der Integrierte Bericht der Deutschen Bahn AG, der seit 2014 herausgegeben wird und Daten des gesetzlich vorgeschriebenen Jahresabschlusses mit Daten zur Nachhaltigkeit der unternehmerischen Tätigkeit verknüpft.[174] Voraussetzung für die ergänzende Berichterstattung ist eine geeignete Datenbasis. Dazu können Daten aus Bordcomputern der Fahrzeuge ausgewertet werden, um z.B. den gesamten Kraftstoffverbrauch der Fahrzeugflotte zu ermitteln.[175] Für den Eisenbahnverkehr ist hier u.a. die BahnstromBox der DB Energie GmbH zur Erfassung und Analyse des Verbrauchs an Traktionsenergie zu nennen.[176]

Ein weiteres Themenfeld, das im Wettbewerb an Bedeutung gewinnen wird, ist die Messung der Zufriedenheit von Mitarbeitern, Kunden und Lieferanten. Eine hohe Mitarbeiterzufriedenheit kann sich zum einen leistungssteigernd – und somit auch positiv auf das

---

[173] Vgl. Pfohl, H.-C., 1994, S. 293 ff., zit. n. Blum, 2006, S. 34.
[174] Vgl. Deutsche Bahn AG (1).
[175] Vgl. Gleißner & Femerling, 2008, S. 223 f.
[176] Vgl. DB Energie GmbH.

Unternehmensergebnis – auswirken sowie die Attraktivität eines Unternehmens für potenzielle Bewerber erhöhen. Letzterer Aspekt ist von Bedeutung, da Unternehmen im Rahmen von Logistik 4.0 verstärkt auf Experten angewiesen sein werden, denn Aufgaben, die nicht automatisiert werden können, lassen sich nur begrenzt zu externen Dienstleistern auslagern. Unter den Wettbewerbsbedingungen in der Logistik müssen Unternehmen auch die Zufriedenheit von Kunden und Lieferanten messen und bewerten. In den meisten Fällen gibt es für beide Stakeholder Alternativen. Um den Unternehmenserfolg sicherzustellen darf deshalb auch die Zufriedenheit dieser beiden Gruppen nicht außer Acht gelassen werden.

Schließlich können sich noch im Zusammenhang mit der Internationalisierung von Unternehmen Herausforderungen ergeben, für die die Bildung von Kennzahlen zur Unternehmenssteuerung sinnvoll erscheint. Neben den Finanz- und Leistungskennzahlen, käme hier die Messung der interkulturellen Kompetenzen in Betracht. Krupp[177] schlägt deshalb vor, Kulturunterschiede in einer Kennzahl zu messen, um die Funktionsfähigkeit des Controllings im internationalen Kontext sicherzustellen ohne näher auszuführen, wie diese Kennzahl inhaltlich definiert werden könnte. In diesem Bereich erschließt sich ebenfalls für das Controlling ein neues Gestaltungsfeld, bei dem auch unternehmensexterne Daten (z.B. aus Social Media) Berücksichtigung finden müssen. Inwieweit derartige Kennzahlen tatsächlich an Bedeutung gewinnen werden, ist zur Zeit nicht absehbar. Vor dem Hintergrund der Digitalisierung und Globalisierung wären derartige Kennzahlen in allen Bereichen relevant, die sich nicht automatisieren lassen, um die Funktions- und Wettbewerbsfähigkeit von Unternehmen sicherzustellen.

Für den Bereich der DB AG / DB Cargo AG sind die vorgenannten Kennzahlen unerlässlich, um die Ziele der Strategie DB 2020+ erreichen zu können.

---

[177] Vgl. Krupp, 2016, S. 37, 50.

4.2.4.4. Ausblick

Da das Berichtswesen eine Kernaufgabe des Controllings ist, ergeben sich aus den aufgezeigten Gründen Veränderungen im Zusammenhang mit Logistik 4.0. Neben inhaltlichen Änderungen und einem beschleunigten Datenzugriff können sich auch neue Themenfelder für die Kennzahlbildung ergeben. Insbesondere wird die Bedeutung nicht-monetärer Kennzahlen zunehmen, für deren Ermittlung Big Data Analytics neue Ansatzpunkte und Möglichkeiten bietet. Zur Erschließung neuer Themenfelder für das Berichtswesen sollten deshalb die Bündelung von Expertenwissen und Auslagerung von Routinetätigkeiten geprüft werden.

4.3. Methodische Ansätze für das Controlling im Umfeld von Logistik 4.0

Nachdem zuvor die Auswirkungen von Logistik 4.0 auf einzelne Controllingfunktionen untersucht wurden, ist zu prüfen, welche methodischen Controllingansätze zukünftig geeignet sind.

4.3.1. Prozesskostenrechnung

Obwohl Transportunternehmen des Schienengüterverkehrs im Fokus dieser Arbeit stehen, sollen zunächst branchenunabhängige Ansätze aus dem Bereich der innerbetrieblichen Logistik Ausgangspunkt sein. Zur Messung der Effizienz werden bei der Produktion Manufacturing Execution Systems (MES) verwendet, die sowohl der Ermittlung einzelner Kennzahlen dienen als auch aggregierte Daten liefern, um die Gesamteffizienz (Overall Production Efficiency [OPE]) von Produktionssystemen zu ermitteln.[178] Es stellt sich nunmehr die Frage, inwieweit diese Techniken sich auf den Schienengüterverkehr übertragen lassen.

Der Produktionsablauf im Schienengüterverkehr für den Wagenladungsverkehr lässt sich grob in drei Phasen einteilen: Vorlauf (Nahbereichsbedienung) – Hauptlauf (i.d.R. Fernverkehr zwischen

---

[178] Vgl. Winkler et al., 2017, S. 220 f.

zwei Rangierbahnhöfen) – Nachlauf (Nahbereichsbedienung). Jede dieser Produktionsphasen kann weiter in einzelne Produktionsschritte zerlegt werden (z.B. Fahrzeit der Züge, Zugbildung / Wagenumstellung, produktionsbedingte Leerfahrten, Wartezeiten wegen Trassenbelegung), deren Effizienz gemessen werden kann. Daneben ist – insbesondere im Vergleich mit anderen Verkehrsträgern – auch die Gesamteffizienz von Bedeutung. Die Analyse und Bewertung dieser Produktionsprozesse ist eine typische Aufgabe des Produktionscontrollings. Wie bereits im Zusammenhang mit den Grundlagen zu Logistik 4.0 und Big Data dargelegt wurde, werden sich die Analysemöglichkeiten in Zukunft verändern, da eine größere und detailliertere Datenbasis verfügbar sein wird. Wie für andere Themenfelder aus dem Bereich Controlling gilt auch hier, dass die Analysen und Bewertungen Potenziale für eine Automatisierung bieten, da es sich um wiederkehrende Standardanalysen handelt. Zahlreiche Messpunkte ermöglichen dabei eine direkte Verprobung bzw. Plausibilitätskontrolle. Außerdem können diese Standardaufgaben, die i.d.R. im Bereich Controlling verortet sind, nach Bereitstellung entsprechender Tools aus dem Bereich Controlling in Fachabteilungen verlagert werden. Dabei ist jedoch zu beachten, dass die Prozesskostenrechnung ein abteilungs- oder unternehmensübergreifender Ansatz ist und somit Zuständigkeiten und Zugriffsberechtigungen geregelt werden müssen.

Im Schienengüterverkehr kann ein Transportauftrag durch Zusammenarbeit verschiedener Eisenbahnverkehrsunternehmen erledigt werden. Das soll an einem fiktiven Beispiel für einen Transport von Berlin Teltowkanal nach Lippstadt Nord verdeutlicht werden, woraus sich eine unternehmensübergreifende Betrachtung des Produktionsprozesses ergibt:

1. Nahbereichsbedienung von der Güterverkehrsstelle Berlin Teltowkanal zum Rangierbahnhof Seddin durch die Eisenbahngesellschaft Potsdam

2. Hauptlauf zwischen den Rangierbahnhöfen Seddin und Hamm (W) durch DB Cargo

3. Nachbereichsbedienung vom Rangierbahnhof Hamm (W) zum Zielbahnhof Lippstadt Nord durch die Westfälische Landes-Eisenbahn

Zur Erstellung dieser Transportleistung werden mindestens die Ressourcen Personal (Triebfahrzeugführer, Rangierpersonal), Triebfahrzeuge, Infrastruktur und Traktionsenergie, die von verschiedenen Unternehmen gestellt werden, benötigt.

Der prozesskostenorientierte Ansatz erfordert, dass es eine Gesamtverantwortung für diesen Produktionsprozess geben muss. Zur Steuerung des Produktionsprozesses besteht weiterer Regelungsbedarf (z.B. Weisungsbefugnisse, Berichtswege), auf den an dieser Stelle aber nicht weiter eingegangen werden kann, da es sich nicht um Zuständigkeiten des Controllings handelt. Die umfangreiche Vernetzung (Internet der Dinge) bietet zwar Potenziale, da sich Prozessstrukturen in den Netzwerken wiederfinden lassen. Die Herausforderung wird auch hier darin bestehen, die für die Prozesskostenrechnung geeigneten und benötigten Daten zu sammeln, zu strukturieren und zu analysieren. Bei unternehmensübergreifenden Analysen muss zudem die durchgängige Datenverfügbarkeit gewährleistet sein. In diesem Zusammenhang kann es sinnvoll sein, eine Prozesskostenrechnung stufenweise einzuführen:

Entwicklungsstufe	Voraussetzungen
1 - Kostenoptimierung über Kostentreiber	Austausch von Kosten-daten
2 - fallweise Prozesskosten-rechnung	Regelung zur Aufteilung von Nutzeneffekten
3 - voll ausgebaute Prozesskostenrechnung in allen betrachteten Unternehmen	einheitliche Definition und Abgrenzung der ver-wendeten Kosten- und Leistungsdaten

Abbildung 14: Entwicklungsstufen der Prozesskostenrechnung (eigene Darstellung auf Basis von Weber, 2012, S. 347-351)

Die vorgenannten Entwicklungsstufen gelten zwar als Vorschlag für ein Supply Chain Controlling, lassen sich aber auf das Controlling im Kontext von Logistik 4.0 übertragen, da in beiden Fällen unternehmensübergreifende Wertschöpfungsketten betrachtet werden. Bislang konnten noch unterschiedliche IT-Systeme zur Umsetzung der Entwicklungsstufe 3 ein Hindernis darstellen.[179] Dieses Hindernis wird mit Logistik 4.0 zunehmend an Bedeutung verlieren. Gründe hierfür sind i.W. die zunehmende Standardisierung (auch von Datenformaten, wie z.B. EDI[180]) sowie die Möglichkeiten neuer Analysewerkzeuge (z.B. für Data Lakes). Neben den notwendigen technischen Voraussetzungen ist zu prüfen, inwieweit die Abbildung der Unternehmensorganisation im Rechnungswesen (Kostenstellenstrukturen) für die Einführung einer Prozesskostenrechnung geeignet ist.[181]

Schließlich ist auch zu prüfen, wie hoch der Aufwand ist, um die zusätzlichen Informationen nutzen zu können. Maßgebend dafür

[179] Vgl. Weber, 2012, S. 350 f.
[180] electronic data interchange
[181] Vgl. Weber, 2012, S. 84.

ist, ob dazu auf andere, bereits bestehende oder sich in Entwicklung befindliche Analysewerkzeuge (Big Data) zurückgegriffen werden kann. Trotz der Vorteile, die eine Prozesskostenrechnung bietet, sollte dieser Ansatz nicht zu dogmatisch umgesetzt werden. Insbesondere neue Geschäftsmodelle können mit weitaus weniger umfangreichen Verrechnungsprinzipien gesteuert werden.[182] Gleichwohl dürfte sich der aktuell niedrigere Verbreitungsgrad der Prozesskostenrechnung[183] durch die Digitalisierung erhöhen.

Im Bereich der Waren produzierenden Industrie hat die Automatisierung auch unmittelbare Auswirkungen auf die Kostenrechnung und Kalkulation. Bei einer selbstgesteuerten Produktion können keine Standardkostensätze mehr verwendet werden, was einen Soll-Ist-Vergleich erschwert.[184] Auf den Schienengüterverkehr ist diese Problematik noch nicht übertragbar. Es wäre zwar nach dem heutigen Stand der Technik möglich, den Eisenbahnverkehr voll automatisiert ablaufen zu lassen; die Realisierung ist jedoch eher als mittel- bis langfristige Entwicklung einzustufen.

4.3.2. IT-Nutzencontrolling

Die Digitalisierung im Rahmen von Logistik 4.0 erfordert in den Unternehmen hohe (IT-) Investitionen und führt zu Veränderungen in der Ablauforganisation (z.B. infolge von Automatisierungen). Es stellt sich zwar nicht die Frage, ob Unternehmen Digitalisierungsmaßnahmen umsetzen, jedoch kann die Digitalisierung mit unterschiedlicher Intensität und Geschwindigkeit umgesetzt werden. Deshalb ist möglichst schon bei der Erarbeitung einer Digitalisierungsstrategie eine Nutzenabschätzung vorzunehmen. Am Beispiel des Supply Chain Managements soll gezeigt werden, wie vielfältig Nutzeneffekte sein können. Die Inhalte lassen sich auf Netzwerkstrukturen im Rahmen von Logistik 4.0 übertragen:

---

[182] Vgl. Linser, 2015, S. 80.

[183] Vgl. Weber, 2012, S. 351.

[184] Vgl. Sauter, 2016, S. 153.

Nutzenwirkung	Merkmale
Prozesse	(Investitions-) Kosten, Zeit, Qualität
Ressourcennutzung	Produktivität
Leistungsangebot	Kosten, Qualität, neue Angebote
Koordinationseffizienz	effizientere Zusammenarbeit
Akteure	Fähigkeiten, Präferenzen
strategisch	Kundenbindung, Image, Geschäftsmodelle

Abbildung 15: Nutzenwirkungen der Informationstechnologie im Supply Chain Management (eigene Darstellung auf Basis von Schulze, 2009, S. 122)

Welche Nutzeneffekte den IT-Aufwendungen gegenüberstehen, lässt sich oftmals nur mit großem Aufwand ermitteln; eine Quantifizierung oder monetäre Bewertung ist ebenfalls nicht unmittelbar möglich.[185] Deshalb sollten bereits während der Projektentwicklung (d.h. möglichst vor Projektbeginn) Kriterien definiert werden, an denen der Nutzen gemessen werden kann. Hierbei kann eine bereits vorhandene Prozesskostenrechnung hilfreich sein, da die Prozesse transparent abgebildet sind und mögliche Ansatzpunkte zur Messung des Nutzens aufzeigen. Kostensenkungen als Nutzeneffekt sind in Unternehmen i.d.R. direkt messbar, daneben können aber auch an anderer Stelle im Netzwerk weitere Nutzeneffekte (sekundäre Wirkungen) entstehen, die dann nicht additiv, sondern multiplikativ wirken (d.h. ggf. mit Auswirkungen auf verschiedene Netzwerke, in die Unternehmen eingebunden sind).[186] Dies erhöht die Komplexität der Nutzenbewertung, so dass eher ein Teilbereich des Nutzens zu betrachten sein wird (Prozesssicht anstelle Netzwerksicht). Ebenso komplex kann sich die Frage gestalten, in welchem

---

[185] Vgl. Hausladen, 2016, S. 39.
[186] Vgl. Hausladen, 2016, S. 307, 309.

Umfang als Nutzeneffekt Mehrerlöse entstehen, da hier – im Gegensatz zu Kostensenkungen – kein unmittelbarer Zusammenhang bestehen muss.[187] Am Beispiel des Grafischen Qualitätscockpits der DB Cargo AG kann dies verdeutlicht werden. Mit diesem IT-Verfahren soll die Qualität von Zugläufen gesteuert werden. Ein hohes Qualitätsniveau steht zwar in direktem Zusammenhang mit einer hohen Kundenzufriedenheit, dies bedeutet aber nicht automatisch, dass Mehrerlöse ausschließlich auf diesen Zusammenhang zurückführbar sind. Die Mehrerlöse können (auch) andere Ursachen haben wie z.B. eine geänderte Wettbewerbssituation, gezielte Werbemaßnahmen, neue Produkte oder andere IT-Verfahren. Die Zuordnung von Mehrerlösen zu einem IT-Verfahren ist somit schwierig, da oftmals eine Kombination verschiedener Maßnahmen zu diesem Nutzeneffekt führt. Möglicherweise ermöglicht Big Data Analytics die Aufdeckung neuer Zusammenhänge, so dass diese Nutzeneffekte zukünftig genauer zugeordnet werden können.

Daneben wird im Rahmen der Digitalisierung auch die Nutzenbewertung für Investitionen in IT-Sicherheitsmaßnahmen an Bedeutung gewinnen. Der Nutzen derartiger Investitionen wird sich i.W. auf Risikovermeidung konzentrieren. Hierbei ergibt sich gegenüber dem traditionellen Risikocontrolling eine deutlich höhere Komplexität. Beispielsweise können Umsatzrisiken aus einem möglichen Verlust von Marktanteilen relativ einfach abgeschätzt und in Verbindung mit weiteren Daten (z.B. Marktprognose, gesamtwirtschaftliche Entwicklung) mit einer Eintrittswahrscheinlichkeit belegt und bewertet werden. In einer wesentlich größeren Dimension bewegen sich Mängel in der IT-Sicherheit. So können Cyberangriffe nicht nur Auswirkungen auf die gesamte Digitalisierung des eigenen Unternehmens haben, sondern darüber hinaus aufgrund der Vernetzung auch Externe betreffen. Dies gilt sowohl für den Diebstahl von Daten als auch für Schäden infolge von Datenmanipulationen.

Nachfolgend sollen einige wesentliche Herausforderungen bei einer Nutzenbewertung von IT-Verfahren aufgeführt und mögliche Lösungsansätze aufgezeigt werden.

---

[187] Vgl. Hausladen, 2016, S. 302.

Herausforderung[188]	mögliche Lösungsansätze
vollständige Datenbasis	technisch: im Rahmen von Big Data lösbar organisatorisch: Regelung bei unternehmensübergreifender Betrachtung erforderlich
zeitgerechte Zuordnung der Daten (zeitlich verzögerter Eintritt von Nutzeneffekten)	Die breite Datenbasis und entsprechende Analysetools im Rahmen von Big Data ermöglichen die Betrachtung verschiedener Daten in größeren Zusammenhängen. Des Weiteren kann der zeitliche Versatz schon bei der Projektdefinition Berücksichtigung finden. Als Beispiel sei hier auf die automatische Ermittlung des Wartungsbedarfs für Fahrzeuge verwiesen. Der Nutzeneffekt tritt hier erst mit einer zeitlichen Verzögerung ein.
Verwendung geeigneter Messgrößen	technisch: die Digitalisierung ermöglicht eine nahezu durchgängige Datenerfassung inhaltlich: Berücksichtigung möglichst im Rahmen der Projektvorbereitung (s.o.); ggf. bereits Transparenz durch Prozesskostenrechnung vorhanden

[188] Die Herausforderungen orientieren sich an Hausladen, 2016, S. 310 f.

Herausforderung	mögliche Lösungsansätze
Berücksichtigung situativer Faktoren	Messwerte müssen ggf. um Sondereinflüsse bereinigt werden (s.o.); Big Data ermöglicht diese Sondereinflüsse zu identifizieren
ganzheitliche Betrachtung (Wirkungs- und Prozesskettenbezug)	Mit Big Data Analytics wird es zukünftig möglich sein, Daten in einem größeren Gesamtzusammenhang zu analysieren. Zudem kann mit der Prozesskostenrechnung Transparenz geschaffen werden. Bei unternehmensübergreifender Betrachtung kommt noch die Sicherstellung der Datenverfügbarkeit hinzu.
korrekte Bewertung noch unbekannter Faktoren (evtl. Zusatznutzen und Zusatzkosten)	Das Aufzeigen neuer Zusammenhänge gehört zu den Merkmalen von Big Data Analytics. Vorhandene Analysetools sind daher laufend zu überprüfen und ggf. weiterzuentwickeln.
dynamische Nutzenbetrachtung durch Berücksichtigung von Prozessänderungen	wie vor

Herausforderung	mögliche Lösungsansätze
möglichst objektive Bewertung des Nutzens	Quantifizierbare Nutzeneffekte können nach Entwicklung entsprechender Algorithmen automatisiert bewertet werden; hierdurch ist eine objektive Bewertung sichergestellt. Die Entwicklung der Algorithmen sollte aber abteilungs- / unternehmensübergreifend abgestimmt werden, um eine subjektive Sichtweise bei der Programmierung zu vermeiden. Bei nicht-quantifizierbaren Nutzeneffekten sollte die Bewertung in einer Gruppe erfolgen, die sich aus Vertretern verschiedener Fachbereiche bzw. Unternehmen zusammensetzt.

Herausforderung	mögliche Lösungsansätze
Wirtschaftlichkeit und Angemessenheit der Nutzenbewertung	Der Grundsatz gilt allgemein für das betriebliche Rechnungswesen und stellt insofern keine neue Herausforderung dar. Im Zusammenhang mit Big Data gilt es aber auch, die Komplexität und den Entwicklungsaufwand für Algorithmen zur Datenanalyse möglichst gering zu halten.

Abbildung 16: IT-Nutzencontrolling: Herausforderungen und Lösungsansätze (eigene Darstellung)

Zusammenfassend kann festgestellt werden, dass sich ein Großteil der identifizierten Herausforderungen mit den Möglichkeiten von Big Data bewältigen lässt. Big Data darf aber nicht als Allheilmittel verstanden werden und kann nur soweit unterstützen wie die entsprechenden Algorithmen zur Datennutzung und -analyse entwickelt und bereitgestellt werden. Hierzu ist das Fachwissen von Experten aus verschiedenen Unternehmensbereichen unverzichtbar.

Ebenfalls ist zu beachten, dass Nutzeneffekte ceteris paribus ermittelt werden müssen, d.h. im Rahmen der Analyse ist zunächst eine Bereinigung um Sondereffekte (z.B. Streik, Naturkatastrophen, geänderte politische Rahmenbedingungen) vorzunehmen, bevor eine Bewertung erfolgen kann.

Abschließend soll ein Verfahren zur Nutzenbewertung vorgestellt werden, das im Umfeld von Logistik 4.0 als besonders geeignet erscheint. Traditionell erfolgt die Nutzenermittlung mit Verfahren der Investitionsrechnung und der Nutzwertanalyse.[189] Ein anderer Ansatz ist eine zweistufige Methodik, bestehend aus einer Prozess- und Potenzialanalyse. In der ersten Stufe wird der zu untersuchen-

---

[189] Vgl. Hausladen, 2016, S. 313.

de Prozess definiert, der Ist-Zustand aufgenommen und der Veränderungsbedarf (Anpassung an einen definierten Soll-Prozess) identifiziert.[190] Die sich daran anschließende Potenzialanalyse umfasst die Formulierung von Ursache-Wirkungs-Zusammenhängen, Ermittlung qualitativer Nutzen sowie die Nutzenbewertung.[191] Gegenüber der rein finanzorientierten Investitionsrechnung bietet die zweistufige Methodik folgende Vorteile:

- durch die vorgelagerte Prozessanalyse wird die Nutzenbewertung in einen größeren Kontext gestellt und kann ggf. unabhängig von der späteren Umsetzung des Gesamtvorhabens Optimierungspotenziale aufzeigen
- es werden auch nicht-monetäre Nutzen bewertet
- die Bewertung und Priorisierung der qualitativen Nutzen erfolgt unter Beteiligung der von der Maßnahme betroffenen Fachabteilung.

Die Anwendung dieses Verfahrens setzt eine Veränderungsbereitschaft bei Anwendern und Entscheidungsträgern voraus, damit die nicht-monetären Nutzen zukünftig hinreichend Beachtung finden. Dies ist jedoch keine besondere Herausforderung des IT-Nutzencontrollings, sondern tangiert auch nahezu alle anderen Controllingbereiche.

4.4. Internationalisierung

Die Globalisierung der Wirtschaft ist ohne die Mitwirkung der Logistik nicht möglich. Dabei können Logistikunternehmen entweder Teil einer grenzüberschreitenden Transportkette sein oder sich selbst international betätigen. Der DB-Konzern hat in den letzten Jahren die Unternehmensstrategie für den Bereich Schienengüterverkehr auf eine Internationalisierung ausgerichtet:

[190] Vgl. Kirsch, 2016, S. 130.
[191] Vgl. Kirsch, 2016, S. 130, 137 f.

DB Cargo offers its customers a comprehensive European network

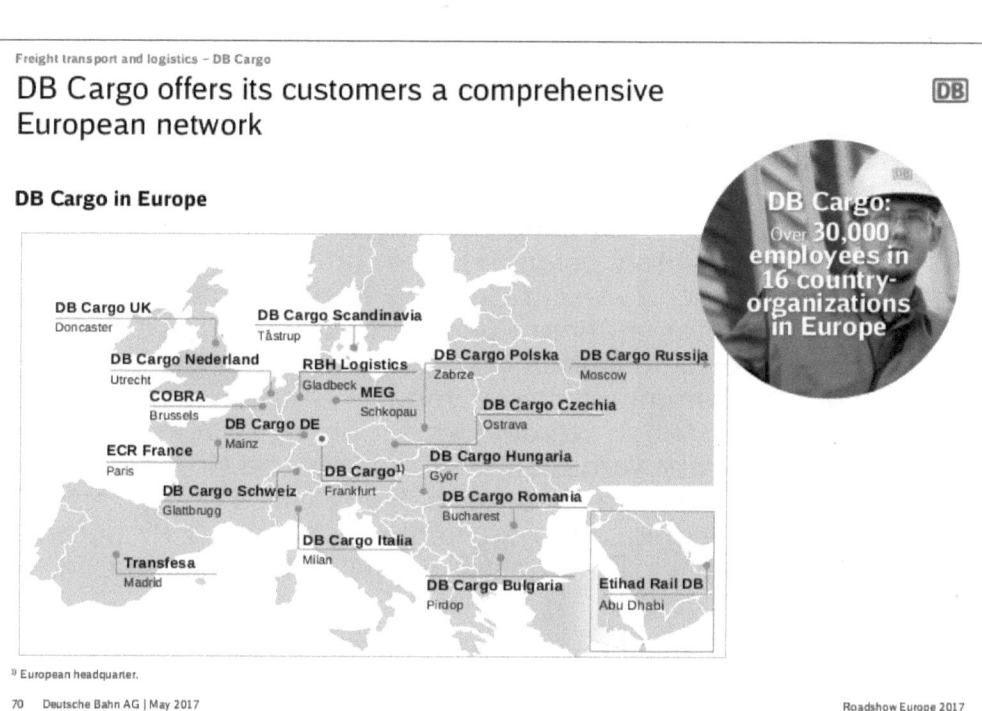

DB Cargo in Europe

DB Cargo: Over 30,000 employees in 16 country-organizations in Europe

DB Cargo UK
Doncaster

DB Cargo Scandinavia
Tåstrup

DB Cargo Nederland
Utrecht

RBH Logistics
Gladbeck

DB Cargo Polska
Zabrze

DB Cargo Russija
Moscow

COBRA
Brussels

MEG
Schkopau

DB Cargo DE
Mainz

DB Cargo Czechia
Ostrava

ECR France
Paris

DB Cargo¹⁾
Frankfurt

DB Cargo Hungaria
Györ

DB Cargo Schweiz
Glattbrugg

DB Cargo Romania
Bucharest

DB Cargo Italia
Milan

Transfesa
Madrid

DB Cargo Bulgaria
Pirdop

Etihad Rail DB
Abu Dhabi

¹⁾ European headquarter.

Abbildung 17: Netzwerk DB Cargo AG (Quelle: Deutsche Bahn AG [6])

Merkmal dieser Strategie ist die Gründung von Landesgesellschaften zur Entwicklung eines eigenen Netzwerks für den Schienengüterverkehr. Eine erfolgreiche Unternehmenssteuerung setzt voraus, dass bei allen Geschäftsaktivitäten die Gesamtwirkung für die Unternehmensgruppe beachtet wird. Dies erfordert sowohl ein angepasstes Führungsmodell als auch ein neues Rollenverständnis;[192] diese Voraussetzungen müssen auf zentraler wie auf lokaler Ebene gegeben sein. Aufgrund der Parallelen zum Supply Chain Management – auch dabei hat im Idealfall der Gesamtnutzen Vorrang vor dem Nutzen einzelner Beteiligter – ist zur Entwicklung eines angepassten Führungsmodells kein gänzlich neuer Ansatz erforderlich. Hier kann auf Erkenntnisse und Erfahrungen aus dem Supply Chain Management aufgesetzt werden. Ein derartiges Steuerungskonzept erfordert neben der eindeutigen Festlegung

---

[192] Vgl. Michel & Matuschke, 2010, S. 433.

75

von Verantwortlichkeiten auch transparente Prozesse.[193] Die Umsetzung von Logistik 4.0-Strategien kann Transparenz schaffen, aber einheitliche Prozesse und IT-Systeme sind nur ein Teil der Lösung. Es ist außerdem wichtig, die „richtigen" Daten zur Unternehmenssteuerung zu verwenden. Einheitliche IT-Systeme sind dazu nicht zwingende Voraussetzung. Es kann vielmehr auch sinnvoll sein darauf zu verzichten, solange immer noch nationale Besonderheiten (wie z.B. Rechtsvorschriften) zu berücksichtigen sind. Zudem könnten unternehmenseigene IT-Systeme perspektivisch durch Cloud-basierte Lösungen ersetzt werden. Vor diesem Hintergrund sollte eine Vereinheitlichung von IT-Systemen zumindest vorerst nicht vorangetrieben werden, es sei denn, zwingende Gründe (Erfüllung gesetzlicher Vorgaben oder betriebliche Gründe) machen dies erforderlich. Aus Sicht des Controllings ist es primär erforderlich, die Rahmenbedingungen zu vereinheitlichen (z.B. unternehmensweit einheitlicher Kontenplan, einheitliche Stammdaten, einheitliches Datenmodell).[194]

Mit Blick auf einen höheren Koordinations- und Steuerungsaufwand bei international tätigen Unternehmen sollte auch die Gründung von Legaleinheiten (Auslandsgesellschaften) kritisch hinterfragt werden.[195] Die Weiterentwicklung Cloud-basierter Anwendungen ermöglicht die Steuerung internationaler Netzwerke grundsätzlich auch ohne eigene Auslandsgesellschaften. Die geschäftliche Betätigung im Ausland kann stattdessen auch gemeinsam mit Partnern erfolgen.

Eine vergleichsweise höhere Herausforderung besteht bei der Internationalisierung von Geschäftsaktivitäten in der Überwindung kultureller Unterschiede. Spätestens hier werden die Grenzen der Digitalisierung und die Unersetzbarkeit des Faktors Mensch deutlich.

Der Vollständigkeit halber sei noch erwähnt, dass auch die Verlagerung von Querschnitts- bzw. Servicefunktionen in andere Länder ebenfalls eine Form der Internationalisierung darstellt. Da es

---

[193] Vgl. Michel & Matuschke, 2010, S. 425.
[194] Vgl. Lanza et al., 2015, S. 79.
[195] Vgl. Michel & Matuschke, 2010, S. 425.

sich dabei i.d.R. um eine Organisationseinheit des eigenen Unternehmens handelt, liegen die Herausforderungen hier in erster Linie im Bereich der interkulturellen Kompetenzen und weniger im Bereich der Harmonisierung von Prozessen und Systemen.

4.5. Controlling innerhalb der Unternehmensorganisation

Innerhalb der Unternehmensorganisation findet sich oftmals eine Aufteilung in zentrale (Finanz-) Controllingaufgaben und dezentrale Controllingaufgaben (Funktions- oder Fachcontrolling).[196] Mit Blick auf die veränderten Prozesse und Aufgaben des Controllings ist in Folge auch die Organisationsstruktur des Controllings zu hinterfragen. Ansätze für eine Neustrukturierung sollten primär auf Nutzen und Effizienz gerichtet sein und weniger auf mögliche Kostensenkungspotenziale.[197] Während die Effizienz auch eher monetär bewertet wird, sind bei dem Nutzen auch nicht direkt monetär bewertbare Effekte relevant. Letztere lassen sich u.a. an der Qualität der Beratung durch den Controller messen, die eine Grundlage für Managemententscheidungen darstellt.

4.5.1. Zentralisierung und Dezentralisierung von Controllingaufgaben

Die Unternehmensfunktion Controlling weist bereits einen hohen Grad an Standardisierung und Automatisierung auf.[198] Dadurch ist eine Basis für eine Neuausrichtung, weitere Automatisierung und Auslagerung von Aufgaben aus dem Controllingbereich gegeben. Standardaufgaben können beispielsweise zentralisiert und in Shared Service Center ausgelagert werden; im Zusammenhang mit Controllingaufgaben wird hierfür auch der Begriff Reporting Factory genutzt.[199] Daneben ist auch eine Dezentralisierung einzelner Controllingaufgaben denkbar. Mit den entsprechenden Analysewerk-

---

[196] Vgl. Horváth & Aschenbrücker, 2009, S. 51 f.

[197] Vgl. Becker et al., 2016, S. 14.

[198] Vgl. Schäffer & Weber, 2015, S. 188 f.

zeugen könnten Controllingaufgaben (insbesondere aus den Bereichen Berichtswesen und Planung) auch in Fachabteilungen verlagert werden. Dies hätte zur Folge, dass Berichte nicht mehr verteilt werden müssen, sondern bei Bedarf von den Empfängern selbst abgerufen werden können.[200] Eine Aufgabenverlagerung in Fachabteilungen führt zu neuen Aufgabeninhalten im Liniencontrolling, die – wie bereits ausgeführt – u.a. in den Bereichen Vorschau und Predictive Analytics liegen. Das Controlling wird außerdem stärker eine beratende Funktion wahrnehmen.[201] Sollte sich eine vollständige Automatisierung des Standardberichtswesens realisieren lassen, stellt sich die Frage, in welcher Form und in welchem Umfang dann überhaupt noch Controllingaufgaben übrig bleiben, die von einem Shared Service Center wahrgenommen werden könnten. Deshalb kann eine Aufgabenverlagerung erst nach einer Überprüfung und ggf. Anpassung der vorhandenen Prozesse umgesetzt werden.[202] Insoweit würde sich aber kein zusätzlicher Aufwand ergeben, da dies auch bei der Umsetzung von Digitalisierungsmaßnahmen erforderlich ist.

4.5.2. Zusammenfassung von externem und internem Rechnungswesen

Das Controlling ist traditionell eng mit dem externen Rechnungswesen verbunden und die Buchhaltungsdaten stellen eine wesentliche Grundlage für das Planungs- und Berichtswesen dar. Dennoch sind beide Funktionen i.d.R. in unterschiedlichen Organisationseinheiten gebündelt; ebenso haben beide Funktionen jeweils eigenständige IT-Systeme bzw. Module, so dass für das Controlling Überleitungsrechnungen erforderlich sind, um Buchhaltungsdaten nutzen zu können. Dies erfolgt u.a. in Batchverarbeitungen, so dass die Daten dem Controlling erst mit Verzögerung (i.d.R. am Monats-

---

[199] Vgl. Becker et al., 2016, S. 11 // Schmitz et al., 2016, S. 427-458; Thiele et al., 2016, S. 76 f.

[200] Vgl. Linser, 2015, S. 80.

[201] Vgl. Feichter, & Ruthner, R., 2016, S. 42.

[202] Vgl. Deimel & Quante (2003), S. 301, zit. n. Breuer & Kreuz, 2006, S. 150.

ende) zur Verfügung stehen.[203] Mit dem ERP-System S/4 HANA der Firma SAP existiert nunmehr eine IT-Lösung zur Neustrukturierung der Aufbau- und Ablauforganisation im Finanzbereich.[204] Die wesentliche Neuerung dabei ist, dass sämtliche Buchungen nur noch einmal erfasst werden und die Daten dann sowohl für Buchhaltungszwecke als auch für Controllingzwecke (z.B. zur Erstellung von Berichten) zur Verfügung stehen. Die Verarbeitung der Daten in Echtzeit ermöglicht zudem ein Reporting unabhängig von fest definierten Berichtsterminen.[205] Hieraus resultieren neue Möglichkeiten für Ad-hoc-Auswertungen, die zukünftig aufgrund kürzerer Planungszeiträume an Bedeutung gewinnen werden. SAP S/4 HANA basiert auf einer In-Memory-Datenbank, die insbesondere für Ad-hoc-Analysen einen schnellen Zugriff auf große Datenbestände ermöglicht.[206] Durch die Möglichkeit zur Einbindung von Drittsystemen[207] können auch Unternehmensübernahmen im Finanzsystem berücksichtigt werden; außerdem vereinfacht diese Möglichkeit eine unternehmensübergreifende Steuerung und Prozessbetrachtung. Die Datenqualität der Auswertungen hängt – aufgrund der direkten Verknüpfung von Buchhaltung und Controlling – allerdings entscheidend von der Verfügbarkeit externer Daten ab (z.B. zeitnahe Fakturierung durch Geschäftspartner). Die Zusammenfassung von externem und internem Rechnungswesen bietet für beide Finanzfunktionen neue Möglichkeiten, allerdings darf auch nicht übersehen werden, dass mit dem verbesserten Zugriff auf die Finanzdaten nur ein Teil der zukünftigen Anforderungen an das Controlling abgedeckt sind. Zur Interpretation der Daten sind daher weitere Daten aus dem Big Data-Bestand ergänzend heranzuziehen.

Wie bereits ausgeführt, bietet die Digitalisierung neue Möglichkeiten, Standardaufgaben und Kernkompetenzen des Controllings in Shared Service Center zu bündeln. Bei der Deutschen Bahn AG wurden bereits die Buchhaltungsaufgaben in Shared Service Cen-

---

[203] Vgl. Sengewald, 2017, S. 8.

[204] Vgl. Sengewald, 2017, S. 6.

[205] Vgl. Sengewald, 2017, S. 6.

[206] Vgl. Elmlinger, 2017, S. 133.

[207] Vgl. Linser, 2015, S. 74.

ter, die organisatorisch der Konzernleitung zugeordnet sind, zentralisiert.[208] Mit SAP S/4 HANA ist eine technische Grundlage vorhanden, um Buchhaltungs- und Controllingaufgaben in einem Shared Service Center Finanzen zusammenzufassen. Die (zukünftige) Vernetzung stellt dabei die Kommunikation zwischen dem Shared Service Center und anderen Organisationseinheiten des Unternehmens sicher. Inwieweit dieser Lösungsansatz für ein Unternehmen geeignet ist, hängt nicht zuletzt auch von der aktuell vorhandenen IT-Landschaft ab. Ein vollständiger Austausch eines bestehenden ERP-Systems ist neben allgemeinen Projektrisiken auch mit einem hohen finanziellen Aufwand verbunden. Dies gilt selbst dann, wenn eine Umstellung auf ein Cloud-basiertes IT-Verfahren erfolgt (z.B. Projektkosten / Change Management, Lizenzkosten). Bezogen auf die Deutsche Bahn AG ist festzustellen, dass mit der Einrichtung von Shared Service Center für die Buchhaltung bereits Strukturen vorhanden sind, in die weitere Finanzfunktionen wie z.B. Standardaufgaben aus dem Controllingbereich integriert werden könnten. Dabei kann zudem auf Erfahrungen mit Kommunikationsstrukturen zwischen dem Shared Service Center und anderen Organisationseinheiten zurückgegriffen werden. Dieser Aspekt ist insbesondere dann von Bedeutung, wenn Shared Service Center Unternehmensstandorte in verschiedenen Ländern betreuen, da Sprachbarrieren und kulturelle Unterschiede zu schwergängigen Prozessabläufen führen können. Deshalb kann sich die Integration weiterer Aufgaben in ein bestehendes Shared Service Center als vorteilhaft gegenüber einem erstmaligen Aufbau einer solchen Unternehmenseinheit darstellen. Grundvoraussetzung für eine Verlagerung von Controllingaufgaben in ein Shared Service Center ist eine genaue Aufgabenabgrenzung. Hierbei ist zu beachten, dass der Controllingbereich weitaus mehr Funktionen umfasst als die reine Finanzbuchhaltung, deren Aufgabeninhalte sich leichter von den übrigen Finanzfunktionen abgrenzen lassen.

---

[208] Vgl. Deutsche Bahn AG (5).

4.5.3. Bündelung von Expertenwissen

Eine andere Form der Zentralisierung ist die Auslagerung von Controllingfunktionen zur Bündelung von Spezialwissen in Center of Excellence (CoE), die strategische Aufgaben wahrnehmen und mit lokalen Controllern zusammenarbeiten sollen.[209] Dabei stellt sich die Frage nach der Notwendigkeit einer Auslagerung. In den derzeit vorhandenen Organisationsstrukturen sind Controllingfunktionen bereits in Organisationseinheiten gebündelt. Spezialwissen lässt sich auch in der Weise bündeln, indem zentrale (Finanz-) Controllingfunktionen und Fach- / Funktionscontrolling zusammengeführt werden. Zudem setzt der Ansatz voraus, dass neben dem CoE weiterhin noch andere Organisationseinheiten / Mitarbeiter außerhalb des CoE Controllingaufgaben wahrnehmen. Sofern dann unterschiedliche Controllerrollen nebeneinander existieren, muss sichergestellt sein, dass es eine klare Abgrenzung der Rollen gibt.[210] In Großunternehmen ist außerdem sicherzustellen, dass es keine Überschneidungen mit einem existierenden Inhouse Consulting gibt.

Für den Bereich Business Intelligence, der sich nicht ausschließlich mit strategischen Fragestellungen befasst, ist ebenfalls eine Bündelung von Expertenwissen denkbar. Sofern dies nicht in einer eigenständigen Organisationseinheit erfolgt (BI Competence Center), kann alternativ auch ein Team gebildet werden, in dem Experten aus den Fachabteilungen, aus dem Controlling und aus der IT-Abteilung zusammenarbeiten.[211] Für diese abteilungsübergreifende Zusammenarbeit ist es ebenfalls unabdingbar, Aufgaben, Kompetenzen und Verantwortlichkeiten klar zu regeln.

---

[209] Vgl. Wömpener & Drerup, 2014, S. 26 ff. zit. n. Fach & Lawrenz, 2016, S. 61 f.
[210] Vgl. Feichter & Ruthner, 2016, S. 43 f.
[211] Vgl. Schön, 2016, S. 350.

4.6. Daten und technische Anforderungen

4.6.1. Datengrundlagen im Rahmen von Logistik 4.0

Bei der Einführung bzw. Durchführung eines Logistikcontrollings sind einige Besonderheiten und Herausforderungen zu beachten. Dies soll anhand der Bereiche Datenerfassung, Dateninhalte und Datenverwendung beispielhaft verdeutlicht werden. Die Erfassung der für das Logistikcontrolling erforderlichen Daten erfordert zum Teil noch einen sehr hohen Aufwand bzw. erfolgt zu undifferenziert, um den Anforderungen des Controllings zu genügen.[212] Deshalb ist i.d.R. ein Kompromiss zwischen dem Aufwand für die Datenerfassung einerseits und der Genauigkeit der Daten andererseits erforderlich.[213] Nicht alle Informationen, die wünschenswert sind, lassen sich mit einem wirtschaftlich vertretbaren Aufwand auch tatsächlich bereitstellen. Dies ist jedoch kein spezifisches Problem des Logistikcontrollings, sondern gilt allgemein für Controllingaufgaben. Im Rahmen von Logistik 4.0 ermöglicht die umfassende Vernetzung sowohl den Erfassungsaufwand zu reduzieren als auch die Genauigkeit zu verbessern. So ermöglicht die Vernetzung einen direkten Zugriff auf die Datenquelle, d.h. ohne einen Umweg über Schnittstellenprogramme (z.B. Datenübertragung von intelligenten Güterwagen an Zielsysteme). Außerdem bieten die technischen Möglichkeiten der Digitalisierung eine Basis für die schrittweise Verfeinerung des Rechnungswesens mit dem Ziel, Transparenz bei den Logistikkosten und -leistungen zu schaffen. Die Zuordnungsgenauigkeit kann zudem auch durch organisatorische Maßnahmen erhöht werden. So kann z.B. bereits in Einkaufsverträgen vereinbart werden, dass der Lieferant die Zielkostenstelle des Empfängers verpflichtend in den Rechnungsdaten angeben muss. Dadurch wird eine nachträgliche kostenrechnerische Zuordnung auf Seiten des Leistungsempfängers entbehrlich und die automatische Belegverarbeitung auch für Controllingzwecke ermöglicht.

Neue Möglichkeiten ergeben sich auch durch Daten aus Sozialen Medien, die durch das Controlling für Planungs- und Beratungszwecke genutzt werden können. Da diese Daten i.d.R. in unstrukturier-

---

[212] Vgl. Gleißner & Femerling, 2008, S. 244.
[213] Vgl. Weber, 2012, S. 177.

ter Form vorliegen, müssen zunächst lernfähige Algorithmen entwickelt werden, um Zusammenhänge identifizieren zu können.[214] Dies erfordert eine interdisziplinäre Zusammenarbeit von Controlling, IT-Abteilung und Fachabteilung.

Ein weiteres Aufgabenfeld des Controllings im Zusammenhang mit den Datengrundlagen ist die Komplexreduktion, d.h. darauf hinzuwirken, dass nur solche Daten bereitgestellt werden, die für den Entscheidungsträger relevant sind.[215] Komplexreduktion ist dabei sowohl hinsichtlich der Dateninhalte als auch der Datenmenge (Big Data) erforderlich. Aufgrund der zahlreichen Datenerfassungspunkte und der Vernetzung können inhaltsgleiche Daten zukünftig aus mehreren Quellen zur Verfügung gestellt werden. Dies erhöht zwar die Datenmenge insgesamt, ermöglicht allerdings auch eine Plausibilisierung bzw. automatisierte Verprobung der Daten. Dies ist insbesondere in Bereichen relevant, in denen Entscheidungen automatisiert getroffen werden sollen bis hin zur Implementierung eines automatisierten Berichtswesens. Dabei können z.B. bei Berichten, die auf Treibermodellen basieren, die Einflussgrößen aus unterschiedlichen Datenquellen gegeneinander verprobt werden; zudem ist auch ein Abgleich von unternehmensinternen und unternehmensexternen Datenquellen denkbar. Schließlich ermöglichen Daten aus unterschiedlichen Quellen dem Controlling, der Unternehmensleitung eine Entscheidungsgrundlage aus unterschiedlichen Perspektiven bereitzustellen.[216] Zusätzlich sollten für den Planungsprozess Daten zu früheren Entscheidungen als Hilfe für zukünftige Entscheidungen vorgehalten werden.[217]

Neben den finanziellen Daten gewinnen verstärkt auch Daten aus den Bereichen Soziales und Umwelt an Bedeutung. Erste Ansätze gibt es hierzu bei der DB Cargo AG: bei Fahrplanauskünften[218] wird auch ein Schadstoffvergleich zwischen Eisenbahn und LKW ausgewiesen (zur Zeit auf Basis von Durchschnittswerten). Exak-

[214] Vgl. Oehler, et al., 2016, S. 66.

[215] Vgl. Becker et al., 2016, S. 17.

[216] Vgl. Walgenbach & Goldenstein, 2016, S. 20.

[217] Vgl. Oehler et al., 2016, S. 69.

[218] Vgl. Deutsche Bahn AG (4).

tere Berechnungen sind über die Plattform Eco ·TransIT World[219] möglich. Diese Informationen dienen zwar primär der Kundeninformation, allerdings sind die tatsächlich entstandenen Schadstoffmengen mit Blick auf ökologische Unternehmensziele auch für das Berichtswesen – und somit für den Controller – von Bedeutung.

Die Nutzung von Echtzeitdaten dient vorwiegend der Steuerung von Produktionsprozessen[220] (im Schienengüterverkehr ist dies in erster Linie die Zuglaufüberwachung[221]).

4.6.2. Anforderungen an die IT

4.6.2.1. IT-Infrastruktur

Die Controllingaufgaben werden im Umfeld von Logistik 4.0 durch Big Data geprägt sein. Deshalb ist im Rahmen einer Digitalisierungsstrategie auch ein Konzept für den Umgang mit Big Data zu erstellen. Dieses Konzept muss beinhalten, welche Daten in welcher Form für Steuerungs- und Analysezwecke gesammelt werden sollen und welche IT-Infrastruktur dazu erforderlich ist (Technik zur Datenerfassung, Netze zur Datenübertragung, Rechnerleistungen zur Datenanalyse).[222] Da auch Daten aus unternehmensexternen Quellen verarbeitet werden, muss das Konzept ebenfalls Informationen über Struktur und Menge dieser Daten berücksichtigen, damit die benötigte IT-Infrastruktur hinreichend dimensioniert wird. Im Bereich Logistik kommt als weitere Herausforderung hinzu, dass bei permanent steigender Datenmenge kurze Reaktionszeiten erforderlich sind,[223] d.h. es werden z.T. Entscheidungen in Echtzeit verlangt. Dies betrifft zwar primär den Produktionsbereich, aber aufgrund der Vernetzung ist es erforderlich, bei der Dimensionierung der IT-Infrastruktur alle Anforderungen des Unternehmens zu berücksichtigen. Hierbei liegt die Verantwortung im IT-Bereich, der

---

[219] Vgl. DB Cargo AG (2).

[220] Vgl. Stich et al., 2015, S. 64.

[221] Vgl. Janicki, 2016, S. 10.

[222] Vgl. Brühl, 2015, S. 51, 58.

[223] Vgl. Hausladen, 2016, S. 78 f.

die unterschiedlichen Anforderungen bündeln muss. Daneben gilt es auch immer die wirtschaftlichen Auswirkungen zu bewerten, so dass eine Mitwirkung des Controllings als Berater notwendig ist. Aus technischer Sicht ist weiterhin zu berücksichtigen, dass die IT-Infrastruktur bei Bedarf erweitert werden kann, um zukünftige Anforderungen abdecken zu können. Eine Lösungsmöglichkeit wäre das Cloud Computing mit einer flexiblen Ressourcenbereitstellung.[224]

4.6.2.2. Datenmanagement

Die zentrale Speicherung und Administration von Daten kann mit Data Warehouse-Lösungen realisiert werden. Dadurch werden eine hohe Datenkonsistenz gewährleistet und die redundante Speicherung von Daten vermieden.[225] Im Zuge der Automatisierung von (Entscheidungs-) Prozessen kann es jedoch erforderlich sein, auch redundante Daten zu speichern (z.B. mittels Sensoren erhobene Daten, die dann vor einer Entscheidung gegeneinander zu verproben sind); dies ist zwar primär in sicherheitskritischen Bereichen (z.B. automatisiertes Fahren von Fahrzeugen) von Bedeutung, aber auch im Finanzbereich kann es bei strategischen Grundsatzentscheidungen (u.a. Aufbau neuer Geschäftsmodelle, Gründung von Auslandsgesellschaften) erforderlich sein, Daten aus unterschiedlichen Quellen abzugleichen.

Während Data Warehouse-Lösungen in erster Linie auf das Datenmanagement abzielen, dienen Business Intelligence-Systeme der unmittelbaren Unterstützung von Entscheidungsprozessen.[226] Die beiden Ansätze sind jedoch nicht je für sich als exklusiv zu betrachten, vielmehr setzen Business Intelligence-Systeme ein Datenmanagement voraus, das z.B. mit einer Data Warehouse-Lösung realisiert werden kann. Ein wesentliches Merkmal ist dabei die Integration verschiedener Systeme, auf die im nachfolgenden Kapitel näher eingegangen wird.

[224] Vgl. Siepmann, 2016, S. 55.
[225] Vgl. Hausladen, 2016, S. 79.
[226] Vgl. Hausladen, 2016, S. 78 f.

4.6.2.3. Systemintegration

Da Unternehmen unabhängig von ihrer Einbindung in Netzwerke auch eigene Unternehmensziele verfolgen, erscheint es schwierig, einen einheitlichen Ansatz für Data-Warehouse- bzw. Business Intelligence-Lösungen zu finden. Wichtiger als ein einheitlicher (System-) Ansatz ist es, die benötigten Daten für die Data Warehouse- und Business Intelligence-Anwendungen für andere Systeme lesbar zu machen. Aufgrund der Vielzahl von internen und externen Datenquellen liegt hierin eine besondere Herausforderung. Eine durchgängige Systemintegration wie von Mosler vorgeschlagen,[227] lässt sich eher im innerbetrieblichen Bereich realisieren. Eine unternehmensübergreifende Lösung erscheint vor dem Hintergrund individueller Unternehmensziele schwierig. Zudem stellt sich die Frage, welches Unternehmen in welchen Netzwerken die führende Rolle einnimmt, d.h. die systemtechnischen Vorgaben für andere Unternehmen im Netzwerk macht. Da Unternehmen auch zukünftig in verschiedenen Netzwerken eingebunden sein werden, wird jede Vereinheitlichung von Systemen immer nur einen Teil aller Anforderungen abdecken können. Es darf zudem nicht übersehen werden, dass Logistik 4.0 kein Ansatz auf der „grünen Wiese" ist, sondern dass bereits eine IT-Landschaft vorhanden ist. Eine Umstellung der IT-Landschaft ist mit hohen Investitionen und Risiken verbunden, da i.d.R. immer auch noch Bestandssysteme zu integrieren sind. Hierbei eröffnen sich mit Big Data neue Möglichkeiten, Daten auch unabhängig von integrierten Systemen unternehmensübergreifend verarbeiten zu können.

Die Potenziale von Logistik 4.0 können nur dann optimal genutzt werden, wenn eine entsprechend leistungsfähige IT vorhanden ist. Die Leistungsfähigkeit muss dabei im Softwarebereich (z.B. Programme mit offenen Schnittstellen für einen Datenaustausch, Datenbanknutzung), im Hardwarebereich (z.B. leistungsfähige Computer zur Verarbeitung großer Datenmengen) und im Bereich der IT-Infrastruktur (z.B. hohe Übertragungsleistung von Netzwerkstrukturen) gegeben sein. Die Leistungsfähigkeit der Hardware

---

[227] Vgl. Mosler, 2017, S. 534.

kann dabei beispielsweise durch Supercomputing (fester Zusammenschluss mehrerer Hochleistungsrechner)[228] oder Grid-Computing (bedarfsabhängige virtuelle Zusammenschaltung verteilter Rechnersysteme)[229] erreicht werden. Um diese Leistungsfähigkeit dauerhaft sicherzustellen, ist zu erwarten, dass Unternehmen hierfür verstärkt auf externe Dienstleister zugreifen werden. Die Vorhaltung eigener Ressourcen bindet zum einen Kapital, zum anderen sind in regelmäßigen Abständen Ersatzinvestitionen erforderlich um den jeweils aktuellen Stand der Technik zu halten.

Die Betrachtung von ganzen Wertschöpfungsketten setzt neben einer Vernetzung verschiedener innerbetrieblicher Funktionen (z.B. Produktion, Vertrieb, Rechnungswesen) auch eine überbetriebliche Vernetzung voraus.[230] Da eine leistungsfähige IT-Infrastruktur Voraussetzung für die Digitalisierung insgesamt (und nicht nur für Logistik 4.0) ist, liegt eine weitaus größere Herausforderung in der Sicherstellung der Netzwerkfähigkeit der zusammenzuführenden Hard- und Software. Bei Eisenbahnverkehrsunternehmen bedeutet dies u.a., dass Fahrzeuge (Lokomotiven und Wagen) derart ertüchtigt sein müssen, dass diese entsprechend kommunizieren können. Nur dann ist sichergestellt, dass auch das Controlling die Potenziale der Digitalisierung nutzen kann.

4.7. Die zukünftige Rolle des Controllers

In den vorangegangenen Kapiteln wurden die Auswirkungen von Logistik 4.0 auf Prozesse, Strukturen und Daten untersucht. Nachdem die neuen Rahmenbedingungen nunmehr definiert werden können, ist zu untersuchen, welches Rollenverständnis zukünftig für den Controller gilt und über welche Kompetenzen er verfügen muss. Die Anforderungen sind dabei unabhängig von einer konkreten aufbauorganisatorischen Gestaltung des Controllings zu bestimmen. Zunächst sollen dazu die Aufgabenerledigung durch das

---

[228] Vgl. Brühl, 2015, S. 53.
[229] Vgl. Brühl, 2015, S. 54.
[230] Vgl. Reischauer & Schober, 2017, S. 286 f.

Controlling und dessen Selbst- / Rollenverständnis untersucht werden.

4.7.1. Flexibilität bei der Aufgabenerledigung

Für den Controller ergeben sich Änderungen bei der Aufgabenerledigung insbesondere in zwei Bereichen:

1. Substitution regelmäßiger Standardaufgaben (z.B. im Bereich des periodischen Berichtswesens) durch eine zunehmende Zahl von Ad-hoc-Aufgaben.[231]

2. Aufgaben aus der Entwicklung und Gestaltung neuer Geschäftsmodelle,[232] die z.B. aufgrund der Analyse von Big Data entwickelt werden.[233]

Das Controlling kann durch die Entwicklung und Bewertung unterschiedlicher Szenarien einen wesentlichen Beitrag zur Entscheidung über neue Geschäftsmodelle leisten. Voraussetzung hierfür ist, dass der Controller neuen Ansätzen und Strukturen offen gegenübersteht. Die Umsetzung (bzw. Erprobung) neuer Geschäftsmodelle kann entweder durch ein Unternehmen allein oder in Zusammenarbeit mit anderen Unternehmen (ggf. auch Wettbewerbern) erfolgen. Im Gegensatz zur Neugründung von Tochterunternehmen, Übernahme von bereits bestehenden Unternehmen und Gründung von Joint Ventures ist die Bildung von Allianzen (d.h. Zusammenarbeit auf Basis vertraglicher Vereinbarungen) ein Ansatz ohne eine langfristige Bindung der Beteiligten. Die hierdurch bestehende strukturelle Flexibilität führt aber gleichzeitig auch zu einer begrenzten Steuerungsfähigkeit der an der Allianz beteiligten Unternehmen.[234] Diese Problematik ist mit der Steuerung von Supply Chains vergleichbar, allerdings ist bei Allianzen eher von gleichberechtigten („gleichstarken") Partnern auszugehen, wodurch die Koordination erschwert werden kann.[235].

---

[231] Vgl. Gleich, 2013, S. 191.

[232] Vgl. Reischauer & Schober, 2017, S. 279, Gleich, 2013, S. 200, Unternehmensziele DB 2020+ in Kapitel 4.

[233] Vgl. Franken, 2016, S. 61, Oehler et al., 2016, S. 65.

[234] Vgl. Brühl, 2015, S. 172.

[235] Vgl. Chopra & Meindl, 2014, S. 334.

Zur Umsetzung einer Digitalisierungsstrategie können je nach Phase der Innovationsgestaltung verschiedene Kooperationsformen mit unterschiedlich starkem Bindungsgrad in Betracht kommen. Bei der Deutschen Bahn AG ist die Digitalisierungsstrategie auf Konzernebene in verschiedenen Kooperationsformen gebündelt:

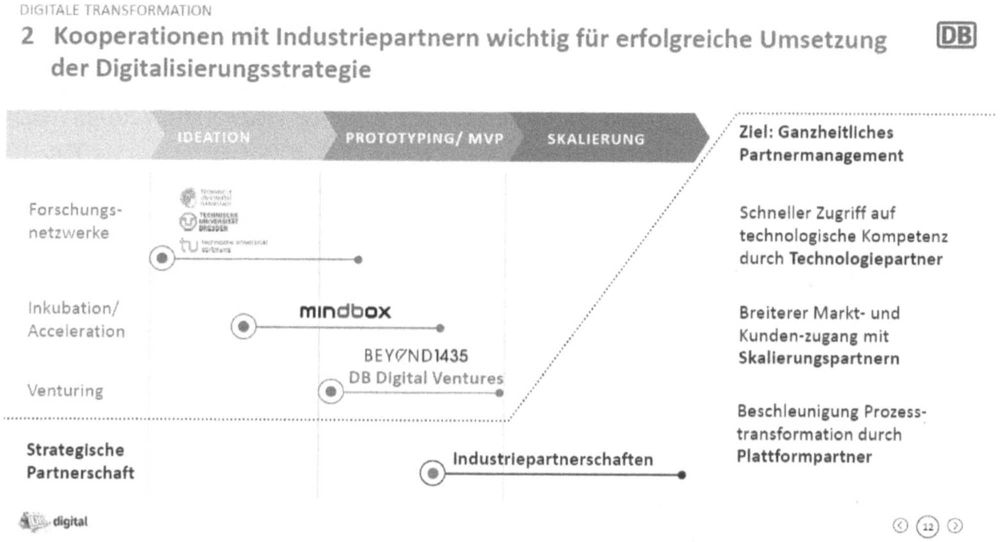

DIGITALE TRANSFORMATION

2 Kooperationen mit Industriepartnern wichtig für erfolgreiche Umsetzung der Digitalisierungsstrategie

Abbildung 18: Kooperationsformen der Deutschen Bahn AG zur Digitalen Transformation (Quelle: 5. Railway Forum)

Die Beteiligung an Forschungsnetzwerken sowie strategische Partnerschaften mit Industrieunternehmen sind keine neuen Kooperationsformen. Anders verhält es sich dagegen bei der Acceleration und beim Venturing. Eine gezielte Förderung von Start-ups ist Geschäftszweck von DB Accelerator („min**db**ox").[236] Die DB Digital Ventures bündelt Beteiligungen des Konzerns an Start-ups[237] und über die Plattform Beyond 1435 erfolgt die Weiterentwicklung bestehender Start-ups gemeinsam mit anderen Partnern.[238] Diese

---

[236] Vgl. DB Accelerator.

[237] Vgl. Deutsche Bahn Digital Ventures.

[238] Vgl. Plug & Play Germany GmbH.

Form der Zusammenarbeit stellt auch eine Herausforderung für das Controlling dar, weil die vorhandenen Controllingprozesse eines Konzerns i.d.R. nicht auf die Start-ups übertragen werden können. Das Controlling ist hier gefordert, praktikable Lösungen zwischen bestehenden Konzernanforderungen einerseits und Innovationen andererseits zu entwickeln. Aufgrund der Unterschiedlichkeit von Start-ups werden hierzu individuelle Lösungsansätze erforderlich. Dabei werden auch Aspekte des traditionellen Finanzcontrollings in den Hintergrund treten, da der Fokus auf der Identifizierung von Innovationsmöglichkeiten liegt. Dies bedeutet keine Vernachlässigung der Anforderungen des Finanzcontrollings, sondern vielmehr, dass im Rahmen von Innovationsprozessen auch neue Lösungsansätze gefunden werden müssen, um einerseits die Anforderungen des Finanzcontrollings erfüllen zu können und andererseits mögliche Innovationen nicht durch zu starre Controllingprozesse zu verzögern oder gar zu verhindern.

Im Bereich des Investitionscontrollings werden ebenfalls neue Lösungsansätze verlangt. Anstelle eigener Investitionen gibt es zunehmend gemeinsame Nutzungen von Anlagegütern[239] („sharing economy").[240] Dabei ist sharing economy letztlich auch ein Ergebnis der Digitalisierung, da Angebot und Nachfrage von Ressourcen in Netzwerken zusammengeführt werden. Neben der flexiblen Ressourcenbereitstellung und -nutzung im IT-Bereich durch Cloud Computing, kann speziell für den Bereich des Schienengüterverkehrs die Anmietung von Lokomotiven und Güterwagen genannt werden. Die Anmietung von Fahrzeugen ist für sich genommen zwar kein neues Geschäft bei Eisenbahnverkehrsunternehmen; dennoch ergeben sich vor allem im Zusammenhang mit dem sharing economy-Ansatz neue Herausforderungen, weil dabei Produktionsressourcen u.U. auch mit Wettbewerbern geteilt werden. Dabei gehört es dann zu den Beratungsaufgaben des Controllings auch Alternativszenarien zu prüfen, wie z.B. eine Zusammenarbeit mit Wettbewerbern, die über die gemeinsame Nutzung von Ressourcen hinausgeht bis hin zu einem neuen Geschäftsmodell, in dem die DB Cargo AG selbst als Anbieter (Vermieter) von Fahrzeugen in den

---

[239] Vgl. Brühl, 2015, S. 173 f.
[240] Vgl. Reuschl & Bouncken, 2017, S. 188 f.

Markt eintritt. Zudem hat die Fahrzeuganmietung auch unmittelbare Auswirkungen auf die Bilanzplanung und es werden ggf. neue (interne) Verrechnungsmodelle benötigt, wenn angemietete Fahrzeuge von verschiedenen Bereichen eines Unternehmens (z.B. Abteilungen) oder von verschiedenen Unternehmen innerhalb eines Konzern genutzt werden.

Daneben existieren bei der DB Cargo AG noch weitere neue Ansätze für Mietmodelle im Fahrzeugbereich wie z.B. das Kapazitätsmietmodell für 200 Lokomotiven. Dabei werden eigene Lokomotiven an einen Fahrzeugpoolbetreiber veräußert und anschließend Lokomotivkapazitäten in Abhängigkeit von der Auftragslage angemietet.[241] Derartige Mietmodelle vermeiden einerseits Effizienzminderungen aufgrund der Vorhaltung von Reservekapazitäten,[242] andererseits verringern sie das Risiko von Produktionsausfällen aufgrund fehlender Ressourcen. Neben der Ermittlung der finanziellen Auswirkungen (z.B. Nutzen aus Risikominimierung), obliegt es dem Controlling auch nicht-monetäre Aspekte bei der Bewertung dieser Mietmodelle einzubeziehen (z.B. Klimaschutzziele durch den Einsatz bestimmter Lokomotivbaureihen). In Bezug auf die Ressourcendimensionierung sind zudem neue, bisher nicht bekannte Kriterien denkbar, die sich durch Big Data Analytics zeigen können.

Schließlich kann auch die Umsetzung von Digitalisierungsprojekten eine Flexibilität bei der Aufgabenerledigung erfordern. Zur Erzielung kurzfristiger Nutzeneffekte kann eine Repriorisierung im Projektablauf festgelegt werden.[243] Dies verlangt vom projektbegleitenden Controlling eine entsprechende Flexibilität, da die Steuerungsmöglichkeit in diesem Fall nicht mehr über einen standardisierten Soll-Ist-Abgleich (insbesondere mit Projektzeitplänen) möglich ist.

Diese Beispiele verdeutlichen, dass existierende Planungen und Controllingansätze in zunehmend kürzeren Abständen auf ihre Plausibilität[244] und auf die Vereinbarkeit mit den Unternehmenszie-

---

[241] Vgl. Deutsche Bahn AG (3).

[242] Vgl. Liebetruth, 2016, S. 173.

[243] Vgl. Mühlfelder et al., 2017, S. 93.

[244] Vgl. Losbichler, 2016, S. 55.

len hin zu hinterfragen sind. Dies verlangt vom Controlling eine entsprechende Flexibilität bei der Finanz- bzw. Investitionsplanung.

4.7.2. Zukünftige Kompetenzanforderungen

Die Änderungen von Prozessen, Aufgabeninhalten und technischen Systemen (IT) erfordern das Rollenverständnis und Kompetenzprofil des Controllers weiterzuentwickeln. Aufgrund der erweiterten Möglichkeiten der IT wird die Funktion eines Beraters das Rollenbild des Controllers zukünftig stärker prägen.[245] Dazu gehören die führende Rolle bei der Effizienzkontrolle neu implementierter Technologien in der Produktion sowie eine Erweiterung der Kompetenzen u.a. um

- Marktkenntnisse
- Fachwissen zur Anwendung von Analyseinstrumenten
- analytische Fähigkeiten
- fachübergreifende Kenntnisse
- Team- und Kommunikationsfähigkeit
- interkulturelle Kompetenzen
- Kenntnisse im Projektmanagement.[246]

Trotz einer Erweiterung der Kompetenzen wird der Controller nicht mehr alle Anforderungen allein abdecken können, sondern in Zusammenarbeit mit anderen Experten das Management beraten. Hierbei wird der Data Scientist als Methodenspezialist ergänzend zum Controller und zu Experten aus den Fachabteilungen tätig, wobei die Aufgaben beider Funktionen klar voneinander abgegrenzt werden müssen.[247]

---

[245] Vgl. Mosler, 2017, S. 568.

[246] Vgl. Thiele et al., 2016, S. 77 f., Gleich et al., 2015, S. 117, Becker et al., 2017, S. 116, Krupp, 2016, S. 38.

[247] Vgl. Tschandl & Mallaschitz, 2016, S. 99, Horváth & Aschenbrücker, 2015, S. 50, 52.

Die unterschiedlichen Kompetenzprofile sind aus nachfolgender Abbildung ersichtlich:

Kompetenzmodell des Controller (nach *Gleich et al.* 2013)	Kompetenzanforderungen an den Data Scientist (nach *Wrobel et al.* 2014)
• *Fachliche Kompetenz*: Controlling-Fachkenntnisse, Geschäftskenntnisse/-verständnis • *Methodische Kompetenz*: Analytische Kompetenz, Lösungsorientierung, Umsetzungskompetenz • *Persönliche Kompetenz*: Leistungsorientierung, Belastbarkeit, Proaktivität, Gewissenhaftigkeit, Neutralität • *Soziale Kompetenz*: Führungskompetenz, kommunikative Kompetenz, Teamorientierung. Kooperation, Empathie/Sensitivität, Konfliktfähigkeit, Kundenorientierung	• Verständnis von Unternehmenszielen und ihrer Verbindung zu Analytics • Solides Grundverständnis datengetriebener Modellbildung mit analytischen Methoden • Fähigkeit zur Identifikation und Verknüpfung von Datenquellen • Beherrschung der notwendigen Algorithmen und Werkzeuge für Analyse und Verknüpfung • Engineering-Wissen über Realisierbarkeit, Skalierbarkeit und Kosten • Fähigkeiten zur Übernahme von Verantwortung, Führungsverhalten, Nutzung von Geschäftskontakten • Urteilsfähigkeit bezüglich Werten und Normen und kommunikatives Talent zur Übersetzung von Ergebnissen in die Business-Welt

Abbildung 19: Vergleich der Kompetenzen von Controller und Data Scientist (Quelle: Horváth & Aschenbrücker, 2015, S. 54)

Abschließend soll am Beispiel der Deutschen Bahn AG gezeigt werden, wie das zukünftige Rollenverständnis zusammengefasst werden kann. Hierzu wurde ein Leitbild für den gesamten Bereich Finanzen und Controlling[248] entwickelt:

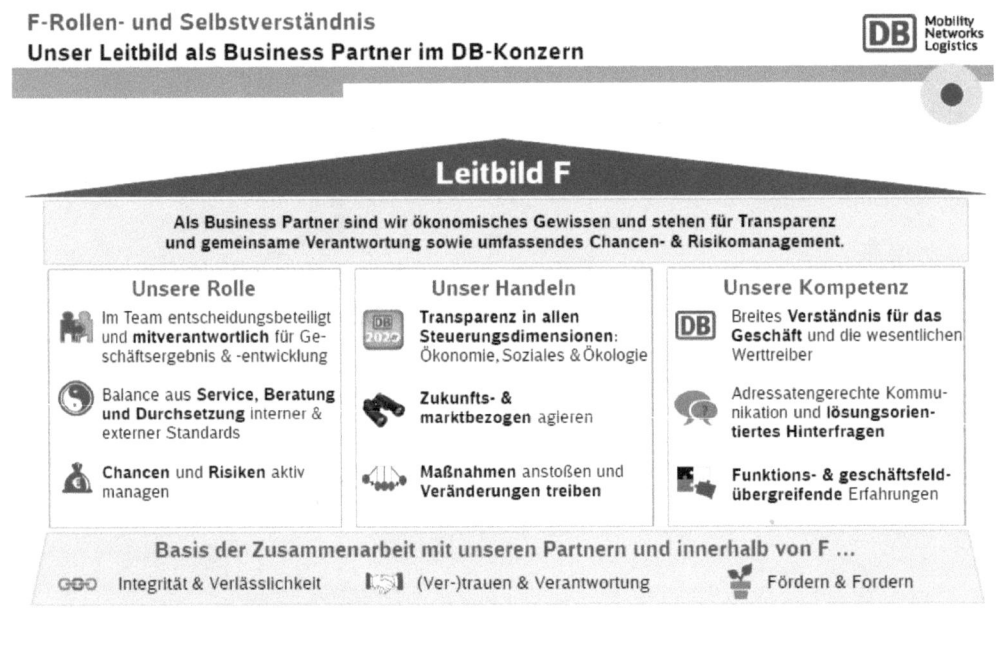

Abbildung 20: F-Rollen und Selbstverständnis (Quelle: Internationaler Controller Verein e.V.)

Das Leitbild ist zwar allgemein formuliert, gleichwohl kann das zuvor beschriebene Rollenverständnis in dieses Leitbild eingeordnet werden. Besonders hinzuweisen ist auf die Abkehr von der Konzentration auf Finanzkennzahlen. Nach diesem Rollen- und Selbstverständnis sind soziale und ökologische Daten bei der Deutschen Bahn AG gleichermaßen Steuerungsinstrumente. Damit der

---

[248] „F-Bereich" ist die interne Bezeichnung bei der Deutschen Bahn AG für den Bereich Finanzen und Controlling.

94

Controller mit diesen Steuerungsinstrumenten arbeiten kann, ist zukünftig auch ein Grundverständnis für soziale und ökologische Zusammenhänge erforderlich. Das zuvor dargestellte Kompetenzmodell von Gleich (s.o.) ist deshalb noch um diese beiden Kompetenzen zu erweitern.

4.8. Zukünftige Abgrenzung von Controlling und IT

Die Digitalisierung sollte als Querschnittstrend Teil der Unternehmensstrategie sein[249] und kann deshalb nicht einzelnen Unternehmensfunktionen zugeordnet werden. Umso wichtiger ist es deshalb, die Zuständigkeiten der verschiedenen Unternehmensfunktionen bei der Umsetzung der Digitalisierung soweit wie möglich voneinander abzugrenzen. Die Abgrenzung ist u.a. deshalb erforderlich, da durch die Vernetzung im Rahmen der Digitalisierung Funktions- und Systemgrenzen zunehmend verschwinden werden. Gleichzeitig erfordert die Erarbeitung von Lösungsansätzen ein höheres Maß an interdisziplinärer Zusammenarbeit zwischen dem kaufmännischen Bereich und dem IT-Bereich, um eine einheitliche Interpretation von Sachverhalten sicherzustellen.[250] Inhaltliche Anforderungen zur Auswertung von Daten, die für Controllingzwecke relevant sind, werden auch in Zukunft durch das Controlling definiert werden müssen. Dazu gehören beispielsweise die Definition von Datenmodellen,[251] Vorgaben für Standardberichte, die Definition von Kennzahlen sowie die Qualitätssicherung für die Informationen.[252] Insofern ist es erforderlich, dass das Controlling bei der Erarbeitung und Umsetzung einer Big Data Strategie beteiligt wird.[253]

---

[249] Vgl. Gadatsch, 2016b, S. 205.

[250] Vgl. Hausladen, 2016, S. 236.

[251] Vgl. Losbichler, 2016, S . 56.

[252] Vgl. Gleich, 2013, S. 205 f., Horváth & Aschenbrücker, 2015, S. 56.

[253] Vgl. Mödritscher & Wall, 2017, S. 429.

Eine mögliche Abgrenzung der Aufgaben- und Rollenverteilung zwischen Controlling und IT zeigt die nachfolgende Abbildung:

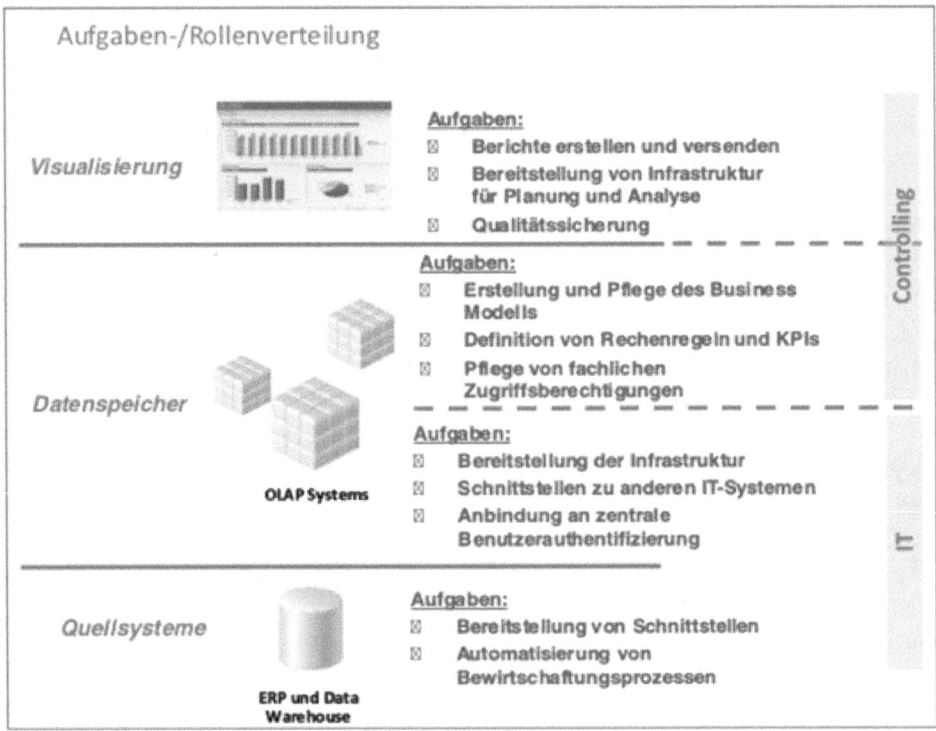

Abbildung 21: Aufgaben- und Rollenverteilung zwischen IT und Controlling (Quelle: Gleich, 2013, S. 204)

Damit die fachliche Zuständigkeit beim Controlling verbleiben kann,[254] ist das beschriebene erweiterte Kompetenzprofil des Controllers eine zwingende Voraussetzung. Andernfalls besteht die Gefahr, dass die in der Abbildung dargestellten Aufgaben „Erstellung und Pflege des Business Modells" sowie „Definition von Rechenregeln und KPIs" von IT-Spezialisten übernommen werden, denen möglicherweise fachliches Hintergrundwissen fehlt. Dies umfasst nicht nur betriebswirtschaftliche Kenntnisse, sondern auch alle an-

---

[254] Vgl. Oehler et al., 2016, S. 69.

deren Fachkenntnisse, die der Controller zukünftig zur Wahrnehmung seiner Beraterfunktion benötigt. Erforderlich ist deshalb eine enge Zusammenarbeit beider Bereiche. Dies stellt insofern eine Neuerung dar, weil das Datenmanagement zu den klassischen Aufgaben des IT-Bereichs gehört.

Eine entsprechende Aufgabenabgrenzung gilt auch bei der Integration anderer IT-Systeme (andere Logistikdienstleister, Kunden, eigene Auslands- und Tochtergesellschaften) sowie die Vielzahl unterschiedlicher technischer Systeme, die das internationale Eisenbahnwesen kennzeichnen. Bei fehlender Interoperabilität (z.B. zur Übertragung von Fahrzeugdaten, die im Controlling weitergenutzt werden sollen) besteht ebenfalls Handlungsbedarf.[255] In all diesen Fällen obliegt es der IT-Abteilung, die Systeme technisch zu harmonisieren oder zumindest so anzupassen, dass ein Zusammenwirken mit zentralen (deutschen) Systemen möglich ist. Die fachlichen Vorgaben müssen jedoch ebenfalls durch das Controlling erfolgen.

4.9. Innovationscontrolling

Bei Projektarbeiten beginnt die Einbindung des Controllings i.d.R. mit der Erstellung einer Wirtschaftlichkeitsanalyse durch das Investitionscontrolling (als eigene Organisationseinheit oder als Teil des Unternehmens- / Finanzcontrollings). Das Investitionscontrolling stellt als bereichsübergreifende Aufgabe auch die Koordination mit der Unternehmensplanung sicher.[256] Außerdem können bereits in dieser Phase durch Mitwirkung des Controllings Entscheidungsparameter definiert werden,[257] falls zwischen verschiedenen Alternativen zu entscheiden ist. Aufgrund seiner Querschnittsfunktion verfügt das Controlling über Erfahrungen und Fachkenntnisse in der Projektarbeit, die oftmals in Fachabteilungen fehlen, da dort seltener entsprechende Aufgaben anfallen als im Controllingbereich. Auch diesbezüglich können sich zukünftig Änderungen ergeben, da

---

[255] Vgl. Bundesministerium für Verkehr und digitale Infrastruktur.

[256] Vgl. Dahlhaus, 2009, S. 32 f.

[257] Vgl. Noé, 2017, S. 62.

die Digitalisierung eine permanente Weiterentwicklung mit sich bringen wird und Projektarbeiten dann häufiger anfallen werden. Dadurch wird es möglich, auch in Fachabteilungen ein Fachwissen für Projektarbeiten aufzubauen, so dass perspektivisch auch hier eine Verlagerung von (Teil-) Aufgaben aus dem Controllingbereich in Fachabteilungen realisiert werden könnte.

Während der Realisierungsphase von Projekten erfolgt die Bereitstellung von Kennzahlen[258] durch das begleitende[259] Projektcontrolling. Die kaufmännische Steuerung obliegt zwar den Projektbeteiligten gemeinschaftlich, weil dazu finanzielle und nicht-finanzielle Informationen zusammenzuführen und zu bewerten sind.[260] Allerdings liegt die Verantwortung für die Bereitstellung von Informationen und Schaffung von Transparenz beim Projektcontrolling.[261] Potenziale können sich für das Projektcontrolling durch die Zusammenführung von internem und externem Rechnungswesen ergeben, wodurch ein Projektcontrolling mit Echtzeitdaten möglich wird und nicht erst auf Daten von Monatsabschlüssen (mit entsprechendem zeitlichem Verzug) gewartet werden muss. Dies ermöglicht kurzfristige Entscheidungen auf Basis aktueller Daten. Nach Projektabschluss ist für die Nutzungsphase ein Nutzencontrolling durchzuführen, um den Projekterfolg und die Zielerreichung zu kontrollieren sowie Änderungen von Rahmenbedingungen, die Auslöser für weitere Innovationen sein könnten, zu identifizieren.[262] Die organisatorische Einordnung des Nutzencontrollings ist dabei nicht einheitlich und kann z.B. dem Investitionscontrolling zugeordnet sein.

Infolge der Digitalisierung werden Umfang und Häufigkeit von Veränderungen zunehmen, wodurch eine gezielte Begleitung der Veränderungsprozesse erforderlich wird.[263] Dies ist ein Ansatzpunkt, um die Einrichtung eines Innovationscontrollings zu prüfen. Die wesentlichen Unterschiede zur bisherigen Wahrnehmung von

---

[258] Vgl. Becker et al., 2017, S. 115.

[259] Vgl. Schwolgin, 2015, S. 128.

[260] Vgl. Lamla, 2015, S. 135.

[261] Vgl. Schwolgin, 2015, S. 129 f., Noé, 2017, S. 78.

[262] Vgl. Becker et al., 2017, S. 115 f., Hausladen, 2016, S. 322 f., 329.

[263] Vgl. Mühlfelder et al,, 2017. S. 92.

Controllingaufgaben bestehen darin, dass das Innovationscontrolling einen Innovationsprozess durchgängig von der Phase der Ideenfindung bis hin zur nachgelagerten Erfolgskontrolle (Nutzencontrolling) begleitet.[264] Somit wird ein Wechsel der Controllingzuständigkeiten (z.B. Investitionscontrolling / Projektcontrolling) je nach Projektphase vermieden. Gleichwohl muss auch bei einer Bündelung von Aufgaben sichergestellt sein, dass alle erforderlichen Controllingbereiche (z.B. Unternehmensplanung / Strategisches Controlling) weiterhin inhaltlich abgedeckt sind. Ein Innovationscontrolling kann daher nur die Zahl der Schnittstellen zwischen Innovationsprojekt und unterschiedlichen Controllingfunktionen innerhalb des Unternehmens reduzieren. Der inhaltliche Umfang des Controllings bleibt weitgehend gleich, wobei sich aus der Bündelung in einer Funktion Innovationscontrolling Optimierungspotenziale für einzelne Controllingprozesse erschließen können, da sich dieser Ansatz durchgängig am Innovationsprozess ausrichtet. Ein eigenständiges Projektcontrolling sollte unter diesen Umständen entfallen, da eine sinnvolle und überschneidungsfreie Abgrenzung der Zuständigkeiten zwischen Innovationscontrolling einerseits und Projektcontrolling andererseits schwierig erscheint. Durch die frühe Einbindung des Controllings kann zudem sichergestellt werden, dass das Controlling im Idealfall einen Gesamtüberblick über verschiedene Innovationsprojekte hat und mögliche Zielkonflikte im Vorfeld identifizieren kann. Außerdem können fachspezifische Anforderungen des Controllings an Innovationen (z.B. Mitnutzung für das Berichtswesen) zu Projektbeginn Berücksichtigung finden. Während der Realisierungsphase von Projekten kann ein Innovationscontrolling auf Repriorisierungen aufgrund der engeren Anbindung an das Projekt flexibler reagieren, als dies durch das Controlling in der Linienfunktion möglich wäre.

Die Rolle des Innovationscontrollers ist nicht mehr primär auf die wirtschaftliche Machbarkeit konzentriert; er ist vielmehr Mitgestalter neuer Ideen und Mitträger der Kreativverantwortung[265] und wird somit in Transformationsprozessen permanent als Business Partner

---

[264] Vgl. Göpfert & Wellbrock, 2016, S. 445.
[265] Vgl. Dressler & Rachfall, 2009, S. 152, Losbichler, 2016, S. 59.

wahrgenommen.[266] Dieses neue Rollenverständnis erscheint insbesondere deshalb problematisch, da Controlling noch eine recht junge Unternehmensfunktion ist und zum Teil noch durch eine enge Verbindung zum klassischen Rechnungswesen (Buchhaltung) geprägt sein könnte.

Die durchgängige Zuständigkeit des Innovationscontrollings als möglicher Lösungsansatz ist in der nachfolgenden Abbildung dargestellt:

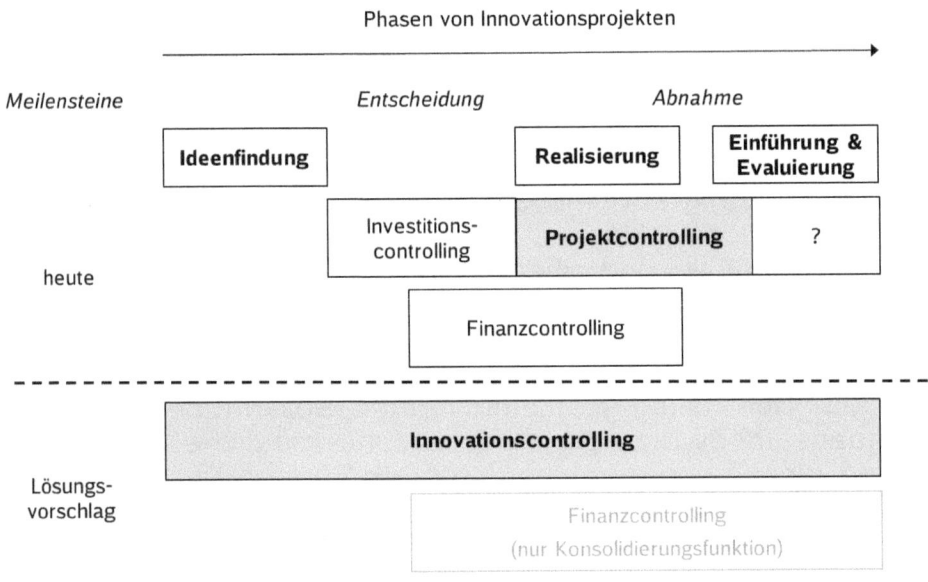

Abbildung 22: *Lösungsvorschlag für ein Innovationscontrolling (eigene Darstellung; Herleitung auf Basis von Becker et al. 2017, S. 114 und Dressler. & Rachfall, 2009, S. 149)*

Zur Integration eines Innovationscontrollings in die Unternehmensorganisation gibt es unterschiedliche Ansätze. Dressler & Rachfall führen hierzu aus, dass die Einrichtung einer eigenen Organisationseinheit Innovationscontrolling nicht erforderlich sei, da im Laufe der Projektdurchführung unterschiedliche Controlling-

---

[266] Vgl. Mödritscher & Wall, 2017, S. 430..

kompetenzen erforderlich sind und Innovationscontrolling somit eher als prozessorientierter Ansatz zu sehen sei.[267] Dabei stellt sich dann aber die Frage, inwieweit dies – abgesehen von der Einbindung bei der Ideenfindung – eine Änderung des Status quo ist, in dem bereits auf unterschiedliche Controllingkompetenzen (z.B. Investitionscontrolling, Projektcontrolling) zurückgegriffen wird. Eine Neuerung ist hier evtl. durch den Prozessansatz gegeben, mit dem Brüche bei einem Wechsel von Controllingzuständigkeiten (ein einheitlicher Prozess mit unterschiedlichen Beteiligten je nach Projektphase) vermieden werden könnten. Unabhängig von der Schaffung einer eigenständigen Organisationseinheit erscheint auch eine organisatorische Zuordnung des Innovationscontrollings zur Strategie- oder Digitalisierungsabteilung bzw. zum Strategischen Controlling sinnvoll. Innerhalb dieser bereits vorhandenen Funktionen könnte Controllingkompetenz gebündelt werden und beispielsweise ein Center of Excellence (s.o.) geschaffen werden. Eine derartige Bündelung hätte auch den Vorteil, dass das Innovationscontrolling einen Gesamtüberblick über verschiedene Projekte bekommen würde (z.B. durch Planung und Steuerung eines Innovationsportfolios). Damit würde der Komplexität von Logistik 4.0 eine geeignete Organisationsform des Controllings gegenüberstehen. Dieser Vorschlag ist nicht als Widerspruch zu Dressler & Rachfall zu sehen, sondern stellt vielmehr eine mögliche Konkretisierung des Vorschlags dar. Auch ein Innovationscontrolling benötigt letztlich einen organisatorischen Rahmen, um eine optimale Aufgabenwahrnehmung sicherzustellen.

4.10. Controllingnetzwerke

Für die Wahrnehmung von Controllingaufgaben im Rahmen von Logistik 4.0 sind auch unternehmensübergreifende Controllingnetzwerke denkbar.[268] Unter dem Aspekt der Wahrung von Unternehmensgeheimnissen lassen sich solche Netzwerke noch am ehesten mit wenigen ausgewählten Geschäftspartnern, zu denen langfristige Beziehungen bestehen, realisieren. Im Schienengüterverkehr

---

[267] Vgl. Dressler & Rachfall, 2009, S. 151.
[268] Vgl. Sauter, 2016, S. 154.

gibt es häufig wechselnde Partner für den Leistungseinkauf (insbesondere im grenzüberschreitenden Eisenbahnverkehr sowie bei der Nahbereichsbedienung). Insofern stellen unternehmensübergreifende Controllingnetzwerke hier eine besondere Herausforderung dar. Eine vertragliche Vereinbarung bezüglich einer restriktiven Verwendung von Daten löst dieses Problem nur zum Teil. Mit geeigneten Tools kann jedoch die Qualität von Controllinganalysen auf Basis von Big Data auch ohne diese Netzwerke gesteigert werden.

Aus diesen Gründen erscheinen unternehmensübergreifende Controllingnetzwerke im Bereich des Schienengüterverkehrs weniger geeignet, da sie zu einer Komplexitätssteigerung führen würden.

4.11. Lösungsvorschlag für eine zukünftige Strukturierung der Controllingaufgaben

Die veränderten Aufgaben (-schwerpunkte) des Controllers im Rahmen von Logistik 4.0 unterscheiden sich bezüglich der Vorgehensweise grundsätzlich nicht von denen im Zusammenhang mit Industrie 4.0. Nach einer Bestandsaufnahme sind Potenziale der Digitalisierung zu identifizieren, zu bewerten (Nutzen und Kosten) und daraus eine Entscheidungshilfe für die Unternehmensleitung zu erstellen.[269] Dabei ist zu beachten, dass die Digitalisierung auch zu signifikanten Veränderungen im Controlling führen wird: die Tendenz, dass sich der durch Finanzdaten geprägte Aufgabenschwerpunkt hin zu einer Beratung des Managements verlagert, wird sich fortsetzen. Dies erfordert eine Kooperation und gemeinsame Ausrichtung der unterschiedlichen Controllingbereiche.[270] Dabei ist auch zu berücksichtigen, dass Standardaufgaben (insbesondere aus den Bereichen Berichtswesen und Analysen) zunehmend aus dem Controllingbereich ausgelagert werden können. Daher stellt sich die Frage, wie viele controllingspezifische Aufgaben letztendlich noch verbleiben und ob dieser Aufgabenumfang dann noch den Fortbestand mehrerer Controllingabteilungen rechtfertigt. Vor

---

[269] Vgl. Rusch et al., 2016, S. 71-75.
[270] Vgl. Oehler et al., 2016, S. 63.

diesem Hintergrund soll nachfolgend ein Vorschlag zur zukünftigen Gestaltung des Controllings innerhalb der Unternehmensorganisation vorgestellt werden. Dabei geht es darum, die inhaltlichen Zusammenhänge aufzuzeigen; auf die hierarchische Einordnung in die Organisationsstruktur eines Unternehmens wird bewusst verzichtet.

Ausgangspunkt ist die Trennung von Finanz- und Fachcontrolling. Übergreifende Beratungsaufgaben werden – insbesondere in Großunternehmen – von einem eigenen Inhouse Consulting wahrgenommen. Ein solches Inhouse Consulting existiert beispielsweise bei der Deutschen Bahn AG, bei DHL, Volkswagen und Hermes.[271] Zur kaufmännischen Begleitung von Projekten kann außerdem ein Projektcontrolling eingerichtet werden (falls z.B. aufgrund des geringen Projektumfangs davon abgesehen wird, verbleibt diese Aufgabe beim Fach- und Finanzcontrolling).

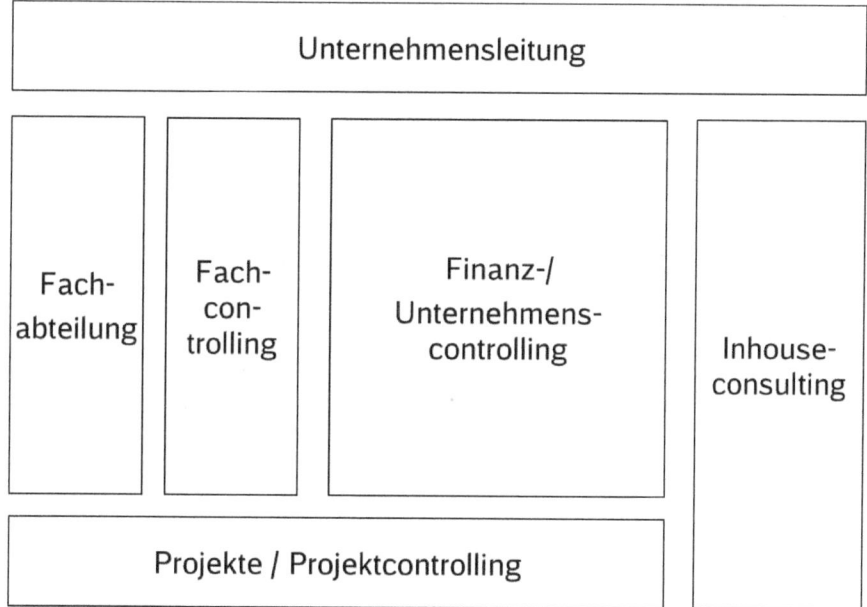

Abbildung 23: Schematische Darstellung der Controllingfunktionen innerhalb der Unternehmensorganisation (eigene Darstellung)

[271] Vgl. Deutsche Bahn AG (7), Deutsche Post AG, Volkswagen AG, Otto (GmbH & Co KG).

Bei der Untersuchung der Auswirkungen von Logistik 4.0 auf das Controlling wurde an mehreren Stellen deutlich, dass die derzeitige Verteilung der Aufgaben und deren Inhalte Schwächen aufweisen. Zu nennen sind hier insbesondere inhaltliche Überschneidungen und ein erhöhter Abstimmungsbedarf bei der Durchführung von Innovationsprojekten.

Bei entsprechend fortgeschrittener Digitalisierung erscheint es möglich, das Standardberichtswesen in einem Shared Service Center zu bündeln bzw. den Berichtsempfängern eine leicht bedienbare Software zur Verfügung zu stellen, mit der die benötigten Berichte selbst erzeugt werden können. Das verbleibende Berichtswesen (i.W. Sonderauswertungen, Strategie) könnte in einem Center of Excellence gebündelt werden. Um weitere inhaltliche Überschneidungen zu vermeiden, sollte in diese Organisationseinheit auch ein evtl. vorhandenes Inhouse Consulting integriert werden.

Als dritte Säule wird ein Innovationscontrolling vorgeschlagen, das von der Ideenfindung bis hin zum nachgelagerten Nutzencontrolling Innovationsprojekte begleitet. Die Realisierung von Logistik 4.0 ist kein einmaliges Großprojekt. Die fortschreitende Entwicklung der IT wird Innovationen zur Daueraufgabe werden lassen. Insofern erscheint die enge Anbindung eines umfassend begleitenden Innovationscontrollings an die Innovationsprojekte sinnvoll. Neben dem laufenden Projektcontrolling würden dort auch Aufgaben der Unternehmensplanung zugeordnet (z.B. Investitionsplanung, da aus Innovationsprojekten oftmals Investitionen resultieren). Damit würde letztlich auch der Prozessorientierung Rechnung getragen. Eine mögliche Neustrukturierung zeigt die nachfolgende Abbildung:

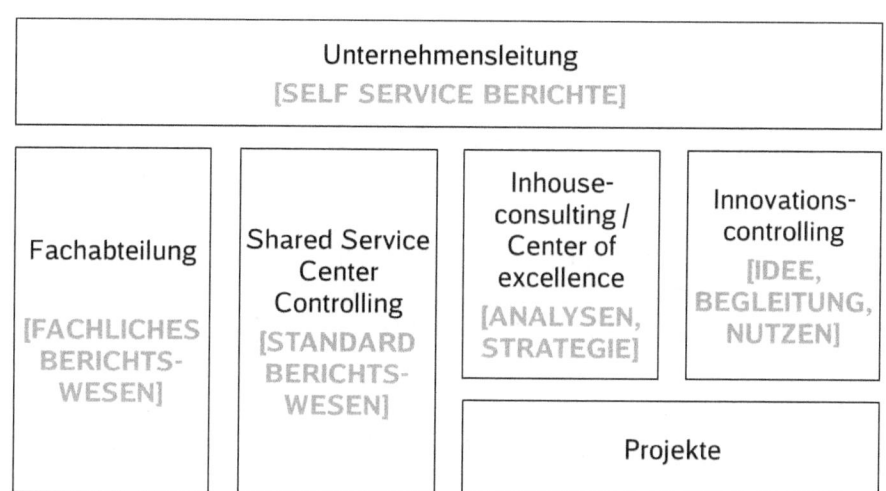

Abbildung 24: Vorschlag zur Zuordnung von Controllingaufgaben im Rahmen von Logistik 4.0 (eigene Darstellung)

Mit den bereits aufgezeigten Standardisierungs- und Vereinfachungsmöglichkeiten für den Planungsprozess könnten perspektivisch auch die noch verbleibenden Aufgaben der Planung (z.B. Zusammenführung der [Teil-] Planungen aus verschiedenen Unternehmensbereichen) ebenfalls einem Shared Service Center zugeordnet werden.

Bei dem vorgeschlagenen Organisationsansatz ist zu beachten, dass neben dem Controlling weitere Finanzfunktionen im Unternehmen vorhanden sind, die hier nicht betrachtet werden (z.B. Cash Management, Bilanzierung). Hintergrund ist die Konzentration auf die verstärkte Beratungsfunktion des Controllings bei gleichzeitigem Rückgang der „Finanzlastigkeit". Ein weiterer offener Punkt ist die Zuordnung von IT-Spezialisten (Big Data Analytics), die prinzipiell abteilungsübergreifend benötigt werden. Deshalb ist auch hier eine klare Aufgabenabgrenzung zu anderen Funktionen erforderlich.

5. Verifizierung des Lösungsansatzes

5.1. Weitere interne Auswirkungen

In den vorangegangenen Kapiteln lag der Schwerpunkt der Analyse auf den unmittelbaren Auswirkungen von Logistik 4.0 auf das Controlling. Daneben gibt es auch mittelbare Auswirkungen auf die Beschäftigen des Unternehmens (Führungskräfte und Mitarbeiter), die ebenfalls betrachtet werden sollen.

5.1.1. Führung im Umfeld der Digitalisierung

Der Einfluss von Logistik 4.0 auf das Controlling geht über die bereits aufgezeigten Auswirkungen hinaus und verändert auch Führungsverständnis und -praxis. Die Verfügbarkeit von Echtzeitdaten, die gestiegene Datenmenge und die hohe Komplexität erfordern eine Anpassung von Entscheidungsprozessen. Dazu sind flache Hierarchien sowie die Dezentralisierung von Entscheidungen erforderlich, wobei gewährleistet sein muss, dass dadurch keine Zielkonflikte entstehen.[272] Dazu ist anzustreben, die Komplexität insgesamt überschaubar zu halten und soweit wie möglich schrittweise zu reduzieren anstatt nach neuen Lösungen zur Beherrschbarkeit einer steigenden Komplexität zu suchen. Es ist deshalb Aufgabe des obersten Managements hierzu verbindliche Strukturen und Rahmenbedingungen festzulegen, die gleichzeitig sicherstellen, dass die Mitarbeiter ihre Qualifikation optimal in ihrem Arbeitsbereich nutzen können.[273] Außerdem muss auf Seiten des Managements die Bereitschaft bestehen, Entscheidungen zu delegieren. Dies ist umso mehr eine zwingende Notwendigkeit je größer Unternehmen bzw. Verantwortungsbereiche sind, da in diesem Kontext Entscheidungen einer höheren Managementebene auf Basis von Echtzeitdaten nicht praktikabel erscheinen. Gegenwärtig werden zwar auch nicht alle Entscheidungen auf höheren Managementebenen getroffen, dennoch wird durch Logistik 4.0 eine größere Erfor-

---

[272] Vgl. ten Hompel & Henke, 2014, S. 618, 622 f.
[273] Vgl. Höttges, 2016, S. 162 f., Günthner, 2014, S. 310.

dernis zur Delegierung bestehen. Diese Delegierung kann auch rein technisch erfolgen, da automatisierte Entscheidungen zukünftig auch außerhalb des rein produktionellen Bereichs (z.B. Steuerung von Maschinen oder des innerbetrieblichen Warenflusses) möglich sein werden. Dazu sei nochmals auf die Frachtbörsen verwiesen, die in einem weiterentwickelten Stadium eigenständig Konditionen „verhandeln" werden und Verträge abschließen können. Solche rein maschinellen Entscheidungsprozesse werden dann ohne Beteiligung des (Einkaufs- / Vertriebs-) Controllings getroffen und können von den Prozessbeteiligten als Kontrollverlust empfunden werden.[274]

Die Digitalisierung wird auch das Rollenbild und –verständnis des Controllers signifikant verändern. Er wird zukünftig Business Partner sein und als Berater fungieren. Dabei werden sowohl neue Werkzeuge[275] als auch neue Formen der Zusammenarbeit (z.B. durch die Einrichtung von CoE) zum Tragen kommen. Auch dieser Aspekt gehört zu den bereits erwähnten Rahmenbedingungen, die durch das Management geschaffen werden müssen. Konkret bedeutet dies sowohl eine Aufgeschlossenheit gegenüber neuen Methoden und Werkzeugen (wie sie beispielsweise zukünftig im Rahmen von Big Data permanent weiterentwickelt werden) als auch eine offen gelebte Unterstützung dieser Neuerungen (z.B. durch Nutzung des Self-Service Reportings), um eine Akzeptanz bei den Stakeholdern zu gewährleisten.[276] Dazu sollte das Management vermitteln, dass nicht alles automatisierbar ist und dass die Kernkompetenzen der Beschäftigten unverzichtbar sind.

Eine erfolgreiche Unternehmensführung wird sich zukünftig nicht mehr ausschließlich an Finanzkennzahlen messen lassen. Zu dieser Messbarkeit gehören sowohl interne Kriterien (z.B. Mitarbeiterzufriedenheit) als auch externe Kriterien (Kunden- und Lieferantenzufriedenheit,[277] nachhaltiges Handeln als gesamtgesellschaftliche Verantwortung).[278] Dazu ist das Management auf entsprechend auf-

---

[274] Vgl. Magee, & Galinsky, S. 351–398, zit. n. Schwarzmüller, T. et al., 2015. S. 159.

[275] Vgl. Spieß, 2017, S. 41.

[276] Vgl. Fach & Lawrenz, 2016, S. 66, Becker et al, 2017, S. 116.

[277] Vgl. Fabisch, 2017, S. 7.

[278] Vgl. Fabisch, 2017, S. 6.

bereitete Informationen des Controllings angewiesen, um konkrete Entscheidungen ableiten zu können. Der Umgang mit diesen „weichen" Faktoren erfordert ebenfalls ein angepasstes Führungsverständnis. Unterstützung bei der Erreichung definierter Nachhaltigkeitsziele kann dabei der Controller leisten, da er gemäß des angepassten Anforderungsprofils zukünftig über entsprechende Kompetenzen verfügen muss.

5.1.2. Herausforderungen und Chancen für Mitarbeiter

Als interner Berater und Business Partner hat das Controlling Berührungspunkte zu allen anderen Unternehmensbereichen. Veränderungen im Controlling wirken sich deshalb auch auf Führungskräfte und Mitarbeiter außerhalb des Controllingbereichs aus. Wie bereits ausgeführt wurde, werden sich die Erledigung von Routineaufgaben und die fachlichen Anforderungen für das Berichtswesen zukünftig ändern. Angepasste Software bzw. Tools zur Datenauswertung und -analyse ermöglichen die Verlagerung von Controllingaufgaben in Fachabteilungen (dies beinhaltet u.a. auch das Self -Service Reporting). Diese mögliche Verlagerung umfasst Basisberichte und Standardanalysen[279] und erfordert von den Beschäftigten eine Aufgeschlossenheit gegenüber neuen – bisher eher fachfremden – Aufgaben. Entsprechend der Vernetzung auf technischer Ebene erfordert die Aufgabenerledigung ein Überblickswissen,[280] d.h. Tätigkeiten und Entscheidungen sind in einem großen (und automatisierten) Zusammenhang zu sehen, der über den eigenen Aufgabenbereich hinausgeht. Dies setzt eine Veränderungs- und Fortbildungsbereitschaft des einzelnen Mitarbeiters voraus. Die Fortbildungsbereitschaft ist vor allem hinsichtlich digitaler Kompetenzen[281] und neuer fachlicher Anforderungen erforderlich, denn aus der Einführung neuer IT-Verfahren resultieren i.d.R. neue Prozesse und Organisationsstrukturen.[282] Dies betrifft alle Beschäftigten des Unternehmens wie durch die Ausführungen in Kapitel 4 zu den Auswirkungen von Logistik 4.0 auf das Controlling deutlich wurde.

[279] Vgl. Gleich, 2013, S. 205.

[280] Vgl. Franken, 2016, S. 79.

[281] Vgl. Franken, 2016, S. 79.

[282] Vgl. Mühlfelder et al., 2017, S. 92.

Die Veränderungsbereitschaft bezieht sich i.W. auf den Arbeitsplatz des Mitarbeiters, denn im Zusammenhang mit der Digitalisierung wird ein flexibler Arbeitseinsatz gefordert werden, für den seitens des Unternehmens entsprechende Rahmenbedingungen geschaffen werden müssen.[283] Dieser flexible Einsatz bezieht sich sowohl auf Aufgabeninhalte als auch auf den Arbeitsort und sollte einen Ausgleich zwischen den Erfordernissen des Unternehmens und den Erwartungen des Mitarbeiters darstellen. Bei der Deutschen Bahn AG wurden mit dem Tarifvertrag Arbeit 4.0[284] bereits entsprechende Rahmenbedingungen geschaffen. Unter diesen Bedingungen stellt sich die grundsätzliche Frage, inwieweit im Zeitalter der Digitalisierung noch von „Arbeitsplatz" – mit dem auch ein örtlicher Bezug verbunden wird – gesprochen werden kann und ob nicht der Begriff Aufgabenwahrnehmung dann zutreffender wäre. Je stärker die IT-Unterstützung bei der Aufgabenwahrnehmung ist, umso weniger stark ausgeprägt ist die Ortsgebundenheit. Fabisch umschreibt dies mit den Begriffen „Cloudworker" und „digitale Nomaden".[285]

5.2. Externe Auswirkungen

Im Regelfall bestehen nur wenige direkte Beziehungen zwischen dem Controllingbereich eines Unternehmens und Externen. Die Mehrzahl der Fälle stellt eher indirekte Beziehungen dar. Hervorzuheben ist hier das Lieferantencontrolling, bei dem über Kennzahlen Lieferanten ausgewählt und kontinuierlich bewertet werden.[286] Grundlage hierfür ist die Zusammenführung von Daten aus verschiedenen Unternehmensbereichen.[287] Die Ausführungen zu neuen Potenzialen durch Vernetzung und Big Data Analytics gelten hierfür gleichermaßen. An der Struktur des Lieferantenmanagements wird sich gegenüber dem Supply Chain Controlling keine wesentliche Veränderung ergeben, allerdings wird die Digitalisierung

---

[283] Vgl. Gleich et al., 2015, S. 117.

[284] Vgl. Deutsche Bahn AG (8).

[285] Vgl. Fabisch, 2017, S. 19.

[286] Vgl. Helmold, 2016, S. 94.

[287] Vgl. Helmold, 2016, S. 143 f.

auch hier eine neue technische Grundlage bieten.

Die Merkmale des Lieferantencontrollings sind grundsätzlich auch auf Unternehmen des Schienengüterverkehrs übertragbar, auch wenn dort der Leistungseinkauf überwiegt (z.B. Anmietung von Lokomotiven und Güterwagen, Einkauf von Traktionsleistungen). In welcher Form das Lieferantencontrolling in einem Unternehmen ausgeprägt ist, hängt vom Einkaufsvolumen und Umfang der zur Verfügung stehenden Analysewerkzeuge ab. Im Idealfall ist auch hier eine Verlagerung von Controllingaufgaben in die Fachabteilung Einkauf bei Wegfall eines Fachcontrollings (Einkaufs-/ Lieferantencontrolling) möglich, wobei der strategische Teil des Lieferantenmanagements mit der allgemeinen Unternehmensstrategie kompatibel sein muss. Dieses Thema kann hier nicht vertieft werden; weitergehende Ausführungen zum Lieferantenmanagement finden sich u.a. bei Helmold[288] und Weise & Zeisel.[289]

5.3. Zusammenfassung und identifizierte Unzulänglichkeiten

Betrachtungsgegenstand dieser Untersuchung ist das Controlling als Unternehmensfunktion. Es zeigt sich, dass auch unter diesem eingeschränkten Blickwinkel Logistik 4.0 über die Kernfunktionen hinaus deutlich weitergehende Auswirkungen auf Unternehmen hat. Im Mittelpunkt stehen dabei die zukünftige Komplexität, die sich aus der vernetzten Zusammenarbeit, der Daten- bzw. Informationsmenge und ggf. unterschiedlicher Geschäftslogiken und -modelle, die harmonisiert werden müssen, ergeben. Hinzu kommt die Vielzahl von unterschiedlichen IT-Systemen, die miteinander vernetzt werden müssen, obwohl sie u.U. primär anderen Zwecken dienen. Die Komplexität erfordert zudem neue Ansätze für das Risikocontrolling, da eine Bewertung von Risiken aus Netzwerksicht erfolgen muss, was eine Kooperation der Netzwerkpartner voraussetzt. Neben den technischen Grundlagen sind auch formale Rah-

---

[288] Vgl. Helmold, 2016, S. 135 ff.
[289] Vgl. Weise & Zeisel, 2016, S. 217.

menbedingungen zu schaffen, um die Sicherheit von Netzwerken und den Datenschutz sicherzustellen.

Weitere Herausforderungen ergeben sich aus der Flexibilität von Produktionsabläufen, die die Digitalisierung ermöglicht. Die Flexibilität im Produktionsablauf erfordert ebenso eine Flexibilität der logistischen Dienstleistungen. Für das Controlling bedeutet dies, dass – insbesondere mittelfristige – Planungen mit größeren Unsicherheiten behaftet sind. Anzustreben wäre ein ausgewogenes Verhältnis zwischen Flexibilität in der Produktion einerseits und Verlässlichkeit der (Finanz-) Planung andererseits. Das bedeutet insbesondere, die Diskussion nicht nur auf die „Losgröße 1" zu fokussieren. Im Rahmen der Unternehmensplanung sind u.a. auch mögliche Risiken zu identifizieren; dazu müssten dann konsequenterweise zukünftig auch flexible Anpassungen in der Produktion gehören. Ein möglicher Ansatzpunkt wäre, (Preis-) Kalkulationen mit einem Risikoaufschlag zu belegen. Hieraus können aber dann negative Folgen sowohl für das Unternehmen selbst (Verschlechterung der Wettbewerbsposition) als auch für den Kunden (höherer Verkaufspreis) resultieren. Aus diesen Gründen sollte ein Kompromiss zwischen maximaler Flexibilität und Planungsrisiken angestrebt werden. Für den Logistik- / Transportbereich (bzw. allgemein für den Dienstleistungsbereich) ist außerdem zu beachten, dass – unabhängig von der Auslastung – Fixkosten für die Vorhaltung von Ressourcen (z.B. Lokomotiven und Güterwagen) bestehen. Optimierungspotenziale können sich hier z.B. durch automatisiertes Fahren (Wegfall von Restriktionen durch Schichtplanung / Arbeitszeiten der Lokführer) und durch den flexiblen (unternehmensübergreifenden) Einsatz von (Schienen-) Fahrzeugen ergeben. Auch bietet der Einsatz neuartiger Transportmittel (z.B. Drohnen) Potenziale zur Kostenoptimierung.

Die Digitalisierung ist zudem durch häufige Innovationen bzw. Veränderungen gekennzeichnet. Als mögliche Weiterentwicklung wurde in diesem Zusammenhang die Einrichtung eines Innovationscontrollings vorgeschlagen, das eng an die Projektteams angebunden ist. Offen geblieben ist dabei, wie die Verantwortung für den Projekterfolg geregelt wird. Der vorgestellte Ansatz berücksichtigt nur den Idealverlauf des Projektablaufs. Der Worst Case, d.h. die Nichterreichung von Projektzielen, blieb dabei unberücksichtigt. Auch für diesen Fall muss geregelt sein, dass es analog zur Kreativitätsverantwortung auch hier eine Gesamtverantwortung des Projektteams zur Initiierung von Gegensteuerungsmaßnahmen gibt.

Schließlich ergeben sich auch Herausforderungen in Bezug auf die Mitarbeiter, denen ein ebenso hoher Stellenwert eingeräumt werden muss. Logistik 4.0 erfordert weiterhin menschliche Kompetenzen, die sich nicht automatisieren lassen. Dies betrifft zum einen soziale und interkulturelle Kompetenzen sowie fachliche Vorgaben (Strategie, Grundsätze, Verhalten im Störungsfall).

6. Fazit

Logistik 4.0 bezeichnet die Digitalisierung im Logistikbereich und stellt somit eine Ausprägung von Industrie 4.0 dar. Im Rahmen dieser Masterarbeit wird einem Beispiel aus dem Schienengüterverkehr der Deutschen Bahn AG als Logistikdienstleister untersucht, wie sich die Digitalisierung auf das Controlling auswirkt. Dazu werden IT-Anwendungen aus dem Bereich der Digitalisierung von Schienenfahrzeugen ausgewählt. Logistik 4.0 ist jedoch wesentlich umfassender, so dass weitere Fragestellungen zu möglichen Auswirkungen unbeantwortet bleiben.

Nach einer kurzen Bestandsaufnahme der vorhandenen Controllingfunktionen und zum Stand von Logistik 4.0 werden zunächst die Herausforderungen und Chancen von Big Data für das Controlling betrachtet. Hervorzuheben sind dabei der Bedarf an Analysewerkzeugen, die unbekannten Datenmengen, die eine Planbarkeit der notwendigen IT-Infrastruktur erschweren sowie die Gewährleistung von Datenschutz und Datensicherheit in unternehmensübergreifenden Netzwerken. Dabei wird deutlich, dass in diesem Bereich noch weiterer Handlungsbedarf besteht.

Die technischen Möglichkeiten der Digitalisierung führen zu inhaltlichen Änderungen bei den Controllingaufgaben hin zu einer verstärkten Beraterfunktion. Dies erfordert ein geändertes Rollenverständnis und Anforderungsprofil des Controllers. Mit Blick auf neue Geschäftsmodelle, die sich durch die Digitalisierung realisieren lassen, wird vom Controlling zukünftig eine große Flexibilität verlangt. Offen bleibt dabei die Frage, in welchem Umfang Beratungsaufgaben aus dem Controlling herausgelöst und dann intern oder extern verlagert werden können.

Im Bereich der Strategischen Planung können neue Potenziale durch Big Data Analytics nutzbar gemacht werden. Neben der größeren und aktuelleren Datenbasis besteht die Möglichkeit, Planungsprozesse zu beschleunigen und Planungszeiträume zu verkürzen. Die Möglichkeit zur Nutzung von Echtzeitdaten führt bei unterjährigen Vorschauplanungen zu einer höheren Genauigkeit der Planungsbasis. Inwieweit diese Möglichkeiten konkret ausgeschöpft werden können, hängt auch von der Flexibilität der Produktion ab. Die Beschleunigung von Prozessen hat schließlich auch Auswirkungen auf das Berichtswesen, das mit Echtzeitdaten gestaltet werden kann und sich mit entsprechender Technik zumindest in Teilen auf Fachabteilungen oder sogar Berichtsempfänger verlagern lässt. Weitere Verlagerungen in Shared Service Center (Bündelung von Fachkenntnissen für Standardaufgaben) und Center of Excellence (Bündelung von Expertenwissen) sind ebenfalls möglich.

Einen möglichen methodischen Ansatz für das Controlling im Umfeld von Logistik 4.0 stellt in Anlehnung an das Supply Chain Controlling die Prozessorientierung dar. Dazu wird vorgeschlagen, die Prozessorientierung auch auf die Begleitung von Projekten durch ein Innovationscontrolling zu übertragen. Damit wird der Herausforderung durch die Häufigkeit und Schnelligkeit von Veränderungen einerseits und einer stärkeren Anbindung des Controllings an Projekte andererseits Rechnung getragen. Die vorgeschlagene Lösung für eine Neuzuordnung von Controllingaufgaben stellt eine rein funktionale Betrachtung dar. Insofern sind vor einer konkreten Umsetzung in die Organisationsstruktur eines Unternehmens Defizite im gegenwärtigen Projektmanagement zu analysieren sowie Verantwortlichkeiten und Weisungsbefugnisse festzulegen.

Abschließend werden noch mittelbare Auswirkungen betrachtet, die sich aufgrund von Änderungen im Controllingbereich in anderen Bereichen ergeben können. Dabei handelt es sich im Wesentlichen um „weiche" Faktoren im Personalbereich wie Veränderungs- und Fortbildungsbereitschaft sowie soziale und interkulturelle Kompetenzen. Die Veränderungsbereitschaft betrifft aber auch das Controlling in besonderem Maße und zwar nicht nur im Hinblick auf neue bzw. veränderte Aufgaben, sondern auch hinsichtlich einer möglichen Verlagerung von Controllingaufgaben. Dies verdeutlicht, dass die Bedeutung des Faktors Mensch trotz eines hohen Digitalisierungsgrades nicht unterschätzt werden darf, denn ohne flexible und qualifizierte Mitarbeiter ist letztlich keine erfolgreiche Umsetzung einer Digitalisierungsstrategie möglich. Der Vollständigkeit halber muss auch noch erwähnt werden, dass die Umsetzungsmöglichkeiten auch von externen Restriktionen (z.B. gesetzliche Vorgaben) abhängen, die nur schwer als Risiko bewertbar sind.

Die unterschiedlichen Ansätze zeigen, dass Konzepte für ein Controlling im Kontext von Logistik 4.0 noch in der Entwicklungsphase sind. Punktuelle Lösungen existieren zwar bereits, aber es gibt noch kein Gesamtkonzept, das die unterschiedlichen Ansätze entsprechend berücksichtigt. Dabei kann zwar grundsätzlich auf Erfahrungen aus dem Supply Chain Controlling aufgebaut werden, allerdings basiert Logistik 4.0 auf komplexen Netzwerken, in denen deutlich mehr Informationen zusammenfließen (z.B. auch aus dem Bereich „Social Media").

Die Digitalisierung ist ein weitläufiges Themenfeld, so dass im Rahmen dieser Arbeit nur ein eng begrenzter Ausschnitt betrachtet werden kann. Aus diesem Grund mussten auch konkrete Lösungsansätze für die IT oder das Change Management ausgeklammert werden. Aufgrund der hohen IT-Abhängigkeit ist auch zu klären, inwieweit redundante Systeme erforderlich sind, da i.d.R. keine (manuellen) Rückfallebenen mehr vorhanden sind. Daraus ergeben sich Ansatzpunkte für weitergehende Untersuchungen, denn die Digitalisierung lässt sich nur durch eine gesamthafte Betrachtung nicht-technischer und technischer Herausforderungen erfolgreich umsetzen. Hinzu kommt, dass Digitalisierung eine dauerhafte Weiterentwicklung bedeutet und die vorliegende Untersuchung nur eine Momentaufnahme darstellen kann. Der aufgezeigte Lösungsansatz orientiert sich an einem gewählten Unternehmensbeispiel und erfordert – nicht zuletzt auch in Abhängigkeit von der Unternehmensgröße – vor Übertragung auf andere Unternehmen eine Überprüfung und ggf. Anpassung des Ansatzes.

Literaturverzeichnis

Aberle, G. (2009). *Transportwirtschaft*. München: Oldenbourg Wissenschaftsverlag.

Altmayer, E. & Stölzle, W. (2016). Neue Impulse für das Controlling der Supply Chain. *Controlling & Management Review*, Sonderheft 2, S. 42-48.

Bange, C. (2016). Werkzeuge für analytische Informationssysteme In: P. Gluchowski & P. Chamoni, *Analytische Informationssysteme* (S. 97-126). Berlin, Heidelberg: Springer Gabler.

Becker, W. et al. (2017). Controlling von Digitalisierungsprozessen – Veränderungstendenzen und empirische Erfahrungswerte aus dem Mittelstand. In: R. Obermaier, *Industrie 4.0 als unternehmerische Gestaltungsaufgabe* (S. 97-118). Wiesbaden: Springer Gabler.

Becker W. et al. (2016). Kontextfaktoren der Controlling-Organisation. *Controlling & Management Review SONDERHEFT 3*, S. 8-15.

Bergmann, M. et al. (2015). Benchmark-orientiertes Zielkostenmanagement im Produktentstehungsprozess. In: P. Horváth & U. Michel, *Controlling im digitalen Zeitalter* (S. 141-156). Stuttgart: Schäffer-Poeschel.

Bitsch, G. (2017). „Smart Decisions" als integraler Bestandteil von Industrie 4.0. In: R. Obermaier, *Industrie 4.0 als unternehmerische Gestaltungsaufgabe* (S. 121-136). Wiesbaden: Springer Gabler.

Blum, H. (2006). *Logistik-Controlling.* Wiesbaden Deutscher Universitäts-Verlag GWV Fachverlage.

Bousonville, T. (2017). *Logistik 4.0.* Wiesbaden: Springer Fachmedien.

Breuer, W. & Kreuz, C. (2006). Shared-Service-Center – Eine lohnende Investition ? In: F. Keuper & C. Oecking, *Corporate Shared Services* (S. 146-173). Wiesbaden: Betriebswirtschaftlicher Verlag Dr. Th. Gabler.

Breusch, M. P. (2015). Der Wandel der Informationstechnologie in der Logistik und die Herausforderungen der Zukunft. In: P. Voß, *Logistik – eine Industrie, die (sich) bewegt* (S. 39-62). Wiesbaden: Springer Gabler.

Bruhn, M. & Hadwich, K. (2017). Dienstleistungen 4.0 Erscheinungsformen, Transformationsprozesse und Managementimplikationen. In M. Bruhn & K. Hadwich, Dienstleistungen 4.0 Band 1, (S. 17 und Quelle Rüsting)

Brühl V. (2015). *Wirtschaft des 21. Jahrhunderts.* Wiesbaden: Springer Gabler.

Buschbacher, F. (2016). Wertschöpfung mit Big Data Analytics. *Controlling & Management Review SONDERHEFT 1*, S. 40-45.

Chopra, S. & Meindl, P. (2014). *Supply Chain Management*, Hallbergmoos: Pearson Deutschland.

Dahlhaus, C. (2009). *Investitions-Controlling in dezentralen Unternehmen.* Wiesbaden: GWV Fachverlage.

Degenhart, E. (2015). Sicher – Effizient – Intelligent: Digitale Neuausrichtung verändert Fahrzeugtechnik und Zulieferindustrie. In: T. Becker & C. Knop, *Digitales Neuland* (S. 49-61). Wiesbaden: Springer Gabler.

Diemer, J. (2014). Sichere Industrie 4.0-Plattformen auf Basis von Community-Clouds. In: T. Bauernhansl et al. *Industrie 4.0 in Produktion, Automatisierung und Logistik* (S. 369-396). Wiesbaden: Springer Fachmedien.

Dierolf, J. et al. (2011). Controlling @ Hansgrohe – Vom Financial Controller zum Business Partner. *Controller Magazin*, 6, S. 32-37.

Dittmar, C. (2016) Die nächste Evolutionsstufe von AIS: Big Data. In: P. Gluchowski, P. Chamoni, *Analytische Informationssysteme* (S. 55-66). Berlin, Heidelberg: Springer Gabler.

Dressler, S. & Rachfall, T. (2009). Innovationscontrolling von Technologieprojekten in der regenerativen Energiebranche. In R. Hünerberg, A. Mann, *Ganzheitliche Unternehmensführung in dynamischen Märkten* (S. 143-164). Wiesbaden: GWV Fachverlage.

Elmlinger, S. (2017) SAP HANA - Einsatzmöglichkeiten des SAP Solution Managers. In: P. Preuss, *In-Memory-Datenbank SAP HANA*, (S. 106-129). Wiesbaden: Springer Fachmedien.

Emmelheinz, J. (2017). Neue Wege der Instandhaltung von Fahrzeugen und Infrastruktur. *Deine Bahn*, September 2017, S. 40-43.

Fabisch, N. (2017). CSR 4.0 und neue Arbeitswelten – (auch) eine Frage der Haltung. In: B. Spieß & N. Fabisch, *CSR und neue Arbeitswelten* (S. 3-26). Heidelberg: Springer Gabler.

Fach, P. & Lawrenz, A. (2016). Wann ein Center of Excellence erfolgreich ist. *Controlling & Management Review SONDERHEFT 3*, S. 60-66.

Fallenbeck, N. & Eckert, C. (2014). IT-Sicherheit und Cloud Computing. In: T. Bauernhansl et al. *Industrie 4.0 in Produktion, Automatisierung und Logistik* (S. 397-431). Wiesbaden: Springer Fachmedien.

Feichter, A. & Ruthner, R. (2016). Agilität und Resilienz von Unternehmen unterstützen. *Controlling & Management Review SONDERHEFT 3*, S. 38-45.

Feldmann, C. (2013). Produktionsverlagerungen im Kontext internationaler Logistik In: I. Göpfert & D. Braun, *Internationale Logistik in und zwischen unterschiedlichen Weltregionen* (S. 22-33). Wiesbaden: Springer Fachmedien.

Fontius, J. (2013). *Megatrends und Ihre Implikationen für die Logistik.* Berlin: Universitätsverlag der TU Berlin.

Franken, S. (2016). *Führen in der Arbeitswelt der Zukunft.* Wiesbaden: Springer Gabler.

Gadatsch, A. (2016a). Die Möglichkeiten von Big Data voll ausschöpfen. *Controlling & Management Review*, 1, S. 62-66.

Gadatsch, A. (2016b). Einfluss der Digitalisierung auf die Zukunft der Arbeit. In: A. Gadatsch et al., *Controlling und Leadership* (S. 193-213). Wiesbaden: Springer Gabler.

Geißdörfer, K. et al. (2010). Total Cost of Ownership als innovatives Kostenrechnungstool. In: R. Gleich et al., *Moderne Kosten- und Ergebnissteuerung* (S. 465-480). Freiburg, Berlin, München: Haufe Mediengruppe.

Gentsch, P. & Kulpa, A. (2016). Mit externen Big Data neue Möglichkeiten erschließen. *Controlling & Management Review SONDERHEFT 1*, S. 32-39.

Gleich, R. (2013). *Controllingprozesse optimieren.* Freiburg, München: Haufe Gruppe.

Gleich, R. et al. (2015). Industrie 4.0 – zwischen Evolution und Revolution .In: P. Horváth & U. Michel, *Controlling im digitalen Zeitalter* (S. 101-124). Stuttgart: Schäffer-Poeschel.

Gleißner, H. & Femerling, J. (2008). *Logistik.* Wiesbaden: Betriebswirtschaftlicher Verlag Dr. Th. Gabler GWV Fachverlage.

Gleißner, H. & Möller, K. (2009). *Fallstudien Logistik.* Wiesbaden: Gabler GWV Fachverlage.

Göpfert, I. & Wellbrock, W. (2016). Ein Leitfaden für die Entwicklung innovativer Supply-Chain-Management-Konzepte. In: I. Göpfert, *Logistik der Zukunft – Logistics for the Future* (S. 417-460). Wiesbaden: Springer Fachmedien.

Graef, N. (2016). Industrie 4.0-Gesamtkonzept: Zusammenspiel von intelligenten Infrastrukturen, Paradigmen und technologischen Komponenten. In: A. Roth, *Einführung und Umsetzung von Industrie 4.0* (S. 73-82). Berlin, Heidelberg: Springer Gabler.

Grönke, K. Heimel, J. (2014). Big Data im CFO-Bereich – empirische Erkenntnisse aus der CFO-Studie 2014. In R. Gleich, K. Grönke, M. Kirchmann & J. Leyk, *Controlling und Big Data* (S. 123-141). München: Haufe-Lexware.

Günthner, W. et al. (2014). Adaptive Logistiksysteme als Wegbereiter der Industrie 4.0. In: T. Bauernhansl et al. *Industrie 4.0 in Produktion, Automatisierung und Logistik* (S. 297-323). Wiesbaden: Springer Fachmedien.

Hausladen I. (2016). *IT-gestützte Logistik.* Wiesbaden: Springer Gabler.

Helmold, M. & Terry, B. (2016), *Lieferantenmanagement 2030.* Wiesbaden: Springer Gabler.

Höttges, T. (2015). Vernetzung ist unser Geschäft: Industrie 4.0 als Chance für einen eigenständigen europäischen Weg in die digitale Zukunft. In: T. Becker & C. Knop, *Digitales Neuland* (S. 167-179). Wiesbaden: Springer Gabler.

Horváth, P. (2009). In: H. J. Bullinger et al., *Handbuch Unternehmensorganisation* (S. 949-956). Berlin, Heidelberg: Springer.

Horváth, P. & Aschenbrücker, A. (2015). Der Data Scientist – neue Potenziale für den Controller? In: P. Horváth & U. Michel, *Controlling im digitalen Zeitalter* (S. 45-58). Stuttgart: Schäffer-Poeschel.

Iffert, L. (2016). Predictive Analytics richtig einsetzen. *Controlling & Management Review SONDERHEFT 1*, S. 16-23.

Ihde, B. G. (2001). *Transport, Verkehr, Logistik.* München: Vahlen.

Jäger, T. (2016). DB Cargo: Digitale Plattformen in der Intermodalen Logistik. In: O. Gassmann & P. Sutter, *Digitale Transformation in Unternehmen gestalten* (S. 179-183). München: Carl Hanser Verlag.

Janicki, J. (2016). Digitalisierung und Automatisierung des Schienenverkehrs. *Deine Bahn*, September 2016, S. 8-12.

Jung, K. P. (2016). Logistik der Zukunft: Echter Wertbeitrag für das Unternehmen. In: I. Göpfert, *Logistik der Zukunft – Logistics for the Future* (S. 401-416). Wiesbaden: Springer Fachmedien.

Kaffka, J. (2013). Kombinierter Verkehr. In U. Clausen & C. Geiger, *Verkehrs- und Transportlogistik* (S. 253-274). Berlin, Heidelberg: Springer Vieweg.

Kaschny, M. et al. (2015). *Innovationsmanagement im Mittelstand*, Wiesbaden: Springer Fachmedien.

Kamin, S. (2015). DB Schenker Rail setzt auf intelligente Lokomotiven. *Deine Bahn*, Mai 2015, S. 24-25.

Kappes, M. & Schentler, P. (2015). Planung und Steuerung auf Basis von Treibermodellen. In: P. Horváth & U. Michel, *Controlling im digitalen Zeitalter* (S. 157-182). Stuttgart: Schäffer-Poeschel.

Kirsch, V. (2016). Wirtschaftlichkeitsanalyse am Beispiel eines Assistenzsystems für den Fertigungsbereich. In R. Gleich et al., *Unternehmenssteuerung im Zeitalter von Industrie 4.0* (S. 123-140). München: Haufe-Lexware.

Krupp, A. (2016). Interkulturelle Kompetenz für Controller. In: A. Gadatsch et al., *Controlling und Leadership* (S. 35-68). Wiesbaden: Springer Gabler.

Lamla, J. (2015). Controlling bei der Porsche Leipzig GmbH. In: P. Horváth & U. Michel, *Controlling im digitalen Zeitalter* (S. 125-140). Stuttgart: Schäffer-Poeschel.

Lanza, G. et al. (2015). Wie Industrie 4.0 die Steuerung von Produktion und Supply Chain verändern wird In: P. Horváth & U. Michel, *Controlling im digitalen Zeitalter* (S. 87-100). Stuttgart: Schäffer-Poeschel.

Lehmacher, W. (2015). Wirtschaft, Gesellschaft und Logistik 2050. In: P. Voß, *Logistik – eine Industrie, die (sich) bewegt* (S. 1-17). Wiesbaden: Springer Gabler.

Liebetruth, T. (2016). *Prozessmanagement in Einkauf und Logistik*. Wiesbaden: Springer Fachmedien.

Lingnau, V. (1999): Geschichte des Controllings in: M. Lingenfelder, *100 Jahre Betriebswirtschaftslehre in Deutschland* (S. 73-92). München: Verlag Franz Vahlen

Linsner, R. (2015). Operative Unternehmenssteuerung verbessern mit SAP S/4 HANA? In: P. Horváth & U. Michel, *Controlling im digitalen Zeitalter* (S. 71-86). Stuttgart: Schäffer-Poeschel.

Losbichler, H. (2016). Controlling 4.0: Muster des Wandels. In R. Gleich et al., *Unternehmenssteuerung im Zeitalter von Industrie 4.0* (S. 43-60). München: Haufe-Lexware.

Meier, F. et al. (2013). Schienengüterverkehr. In U. Clausen & C. Geiger, *Verkehrs- und Transportlogistik* (S. 161-177). Berlin, Heidelberg: Springer Vieweg.

Meißner, M. (2015). Wettbewerbsvorteile schaffen mit Supply Chain Visibility. In: P. Voß, *Logistik – eine Industrie, die (sich) bewegt* (S. 31-38). Wiesbaden: Springer Gabler.

Michel, U. & Matuschke, R. (2010). Value Chain Controlling als integrierter Ansatz zur globalen Unternehmenssteuerung. In: R. Gleich et al., *Moderne Kosten- und Ergebnissteuerung* (S. 423-441). Freiburg, Berlin, München: Haufe Mediengruppe.

Mosler, A. (2017). Integrierte Unternehmensplanung. Wiesbaden: Springer Gabler.

Mödritscher, G. & Wall, F. (2017). Controlling als interner Dienstleister 4.0. In: M. Bruhn & K. Hadwich, Dienstleistungen 4.0 Band 1 (S. 411-434)

Mühlfelder, M. et al. (2017). Change 4.0, Agiles Veränderungsmanagement und Organisationsentwicklung in digitalen Transformationsprojekten. In SRH Fernhochschule, *Digitalisierung in Wirtschaft und Wissenschaft* (S. 89-101). Wiesbaden: Springer Fachmedien.

Noé, M. (2017). *Mit Controlling zum Projekterfolg*. Wiesbaden: Springer Gabler.

Obermaier, R. (2017). Industrie 4.0 als unternehmerische Gestaltungsaufgabe: Strategische und operative Handlungsfelder für Industriebetriebe. In: R. Obermaier, *Industrie 4.0 als unternehmerische Gestaltungsaufgabe* (S. 3-34). Wiesbaden: Springer Gabler.

Oehler, K. et al. (2016) Bedeutung von Big Data für Controller. *Controller Magazin*, 3, S. 62-69.

Reischauer, G. & Schober, L. (2017). Industrie 4.0 durch strategische Organisationsgestaltung managen. In: R. Obermaier, *Industrie 4.0 als unternehmerische Gestaltungsaufgabe* (S. 271-289). Wiesbaden: Springer Gabler.

Richta, H. N. (2016). Big Data Strategie für den Schienengüterverkehr. *Deine Bahn*, August 2016, S. 40-47.

Rusch, M. et al. (2016) Industrie 4.0 – Controllers Aufgaben. *Controller Magazin*, 3, S. 70-79.

Sauter, R. & Bode, M. (2010). Renaissance von Produktbenchmarking und Target Costing. In: R. Gleich et al., *Moderne Kosten- und Ergebnissteuerung* (S. 481-496). Freiburg, Berlin, München: Haufe Mediengruppe.

Sauter, R. et al. (2016). Digital Transformation in Manufacturing Industries: Wie Industrie 4.0 das Controlling verändert. Central Finance. *Controller Magazin*, 4, S. 4-11.

Siepmann, D. (2016). Industrie 4.0 – Technologische Komponenten. In: A. Roth, *Einführung und Umsetzung von Industrie 4.0* (S. 47-72). Berlin, Heidelberg: Springer Gabler.

Spieß, B. (2017).. In R. Gleich, H. Losbichler, R. Zierhofer, *Unternehmenssteuerung im Zeitalter von Industrie 4.0* (S. 141-157). München: Haufe-Lexware.

Schäffer, U. & Weber, J. (2015), Controlling im Wandel – Die Veränderung eines Berufsbilds im Spiegel der zweiten WHU-Zukunftsstudie. *Controlling: Zeitschrift für erfolgsorientierte Unternehmenssteuerung*, 27 (3), S. 185-191.

Schmitz, M. et al. (2016). Reporting Factory in Controllerbereichen. In Becker, W., Ulrich, P., *Handbuch Controlling* (S. 427-458). Wiesbaden: Springer Gabler.

Schön, D. (2016). *Planung und Reporting*. Wiesbaden: Springer.

Schöning, H. & Dorchain, M. (2014). Data Mining und Analyse. In: T. Bauernhansl et al. *Industrie 4.0 in Produktion, Automatisierung und Logistik* (S. 543-555). Wiesbaden: Springer Fachmedien.

Schreckeneder, B. C. (2013). *Projektcontrolling*. Freiburg: Haufe-Lexware.

Schulze, U. (2009). *Informationstechnologieeinsatz im Supply Chain Management.* Wiesbaden: GWV Fachverlage.

Schwarzmüller, T. et al. (2015). Führung im digitalen Zeitalter. In: T. Becker & C. Knop, *Digitales Neuland* (S. 155-166). Wiesbaden: Springer Gabler.

Schwolgin, A. F. (2015). Werkzeugkasten des Projektcontrollings. In D. H. Hartel, *Projektmanagement in der Logistik* (S. 125-142). Wiesbaden: Springer Gabler.

Sengewald, C. (2017) S/4 HANA und Central Finance. *Controller Magazin*, 4, S. 4-11.

Siepmann, D. (2016). Industrie 4.0 – Technologische Komponenten. In: A. Roth, *Einführung und Umsetzung von Industrie 4.0* (S. 47-72). Berlin, Heidelberg: Springer Gabler.

Spieß, B. (2017). Perspektivwechsel in der Arbeitskultur des 21. Jahrhunderts – angeleitet von einer neuen ökonomischen Vernunft. In: B. Spieß & N. Fabisch, *CSR und neue Arbeitswelten* (S. 27-49). Heidelberg: Springer Gabler.

Spohr, C. (2015). Mehr als nur die „Hardware" Flugzeug: Wie Industrie 4.0 die internationale Luftfahrt revolutioniert. In: T. Becker & C. Knop, *Digitales Neuland* (S. 75-87). Wiesbaden: Springer Gabler.

Steiner, H. Welker, P. (2016). Wird der Controller zum Data Scientist? *Controlling & Management Review SONDERHEFT 1*, S. 68-73.

Stich, V. et al. (2015). Supply Chain 4.0: Logistikdienstleister im Kontext der vierten industriellen Revolution. In: P. Voß, *Logistik – eine Industrie, die (sich) bewegt* (S. 63-76). Wiesbaden: Springer Gabler.

Straube, F. (2004). *e-Logistik*. Berlin, Heidelberg: Springer.

ten Hompel, M. & Henke, M. (2014). Logistik 4.0. In: T. Bauernhansl et al. *Industrie 4.0 in Produktion, Automatisierung und Logistik* (S. 615-624). Wiesbaden: Springer Fachmedien.

Thiele, P. et al. (2016). Controller-Kompetenzen im Zeitalter von Industrie 4.0 gezielt weiterentwickeln. In R. Gleich et al., *Unternehmenssteuerung im Zeitalter von Industrie 4.0* (S. 61-84). München: Haufe-Lexware.

Tschandl, M. & Mallaschitz, C. (2016). Industrie 4.0: Controller als Treiber einer strategischen Neuausrichtung. In R. Gleich et al., *Unternehmenssteuerung im Zeitalter von Industrie 4.0* (S. 85-108). München: Haufe-Lexware.

Walgenbach, P. & Goldenstein, J. (2016). Alles ist gut! Wenn Controlling in die Irre führt. *Controlling & Management Review SONDERHEFT 3*, S. 16-21.

Weber, J. (2012). *Logistikkostenrechnung.* Berlin Heidelberg: Springer-Verlag.

Wehberg, G. G. (2016). Logistik 4.0 – die sechs Säulen der Logistik in der Zukunft. In: I. Göpfert, *Logistik der Zukunft – Logistics for the Future* (S. 319-344). Wiesbaden: Springer Fachmedien.

Weise, D. & Zeisel, S. (2016). Controlling und Einkauf – erfolgreich in die Zukunft führen. In: A. Gadatsch et al., *Controlling und Leadership* (S. 215-231). Wiesbaden: Springer Gabler.

Winkler, H. et al. (2017). Effizienzbewertung und -darstellung in der Produktion im Kontext von Industrie 4.0. In: R. Obermaier, *Industrie 4.0 als unternehmerische Gestaltungsaufgabe* (S. 219-244). Wiesbaden: Springer Gabler.

Internetquellen

Bundesministerium für Verkehr und digitale Infrastruktur. Europäische Eisenbahnpolitik.
https://www.bmvi.de/SharedDocs/DE/Artikel/LA/europaeische-eisenbahnpolitik.html (Zugriff am 09.09.2017).

CTcon GmbH. Campus-Planung bei der DB Schenker Rail Deutschland.
http://www.ctcon.de/fileadmin/media/Media_Room/Downloads/CTcon_Download_Campus-Planung_DB-Schenker-Rail.pdf (Zugriff am 28.09.2017)

DB Accelerator. https://dbmindbox.com/de/dbaccelerator/ (Zugriff am 06.09.2017).

DB Cargo AG (1). Revolution in der Instandhaltung. http://www.db-cargo.com/rail-deutschland-de/news-und-medien/News/14254414/nl_17_05_3D-Druck.html?hl=3D-Druck (Zugriff am 28.09.2017).

DB Cargo AG (2). Eco TransIT World. https://www.dbcargo.com/rail-deutschland-de/info-service/online_tools/ecotrans_it_world.html (Zugriff am 25.08.2017).

DB Cargo AG (3). Der Balkan-Bosporus-Spezialist. https://www.db-cargo.com/rail-deutschland-de/unternehmen/DBcargo_group_all/13364938/dbcargo-bulgarien.html?start=0 (Zugriff am 05.09.2017).

DB Cargo Polska S.A. DB Cargo Polska – Part of European Railway Network. http://pl.dbcargo.com/rail-polska-en/company/about_dbsr_polska/profile.html (Zugriff am 05.09.2017).

DB Energie GmbH. BahnstromBox. http://www.dbenergie.de/db-energie-de/digitalisierung-innovation/bahnstrombox.html?hl=bahnstrombox (Zugriff am 28.09.2017).

DB Mobility Logistics AG. Deutsche Bahn und Big Data. https://www.fh-kiel.de/fileadmin/data/forschung/Big_Data/Ritter_DB.pdf (Zugriff am 03.09.2017)

DB Netz AG. Technischer Netzzugang – Grenzlasten. http://fahrweg.dbnetze.com/fahrweg-de/kunden/nutzungsbedingungen/technischer_netzzugang/grenzlasten.html?hl=grenzlasten (Zugriff am 28.09.2017).

Deutsche Bahn AG (1). Integrierter Bericht 2016. http://www.deutschebahn.com/de/investor_relations/ib_online.html. (Zugriff am 09.09.2017)

Deutsche Bahn AG (2). DB Cargo und Toshiba schließen Technologiepartnerschaft. http://www.deutschebahn.com/de/presse/pressestart_zentrales_uebersicht/13084342/p20170109.html (Zugriff am 02.07.2017).

Deutsche Bahn AG (3). Güterfahrplan. http://gueterfahrplan.hacon.de/bin/db/query.exe/dn (Zugriff am 25.09.2017).

Deutsche Bahn AG (4). SSC Shared Service Center Buchhaltung http://www.deutschebahn.com/de/geschaefte/Weitere_Serviceleistungen/11877918/shared_service_center_buchhaltung.html (Zugriff am 09.09.2017).

Deutsche Bahn AG (5). Financial presentation 2017. http://www1.deutschebahn.com/file/ecm2-db-de/12206206/kYisJ7pQtVrjjmHNlPO0KtlPa5l/15237570/data/fipra_2017_asien.pdf (Zugriff am 28.09.2017).

Deutsche Bahn AG (6). Inhouse Consulting der Deutschen Bahn. http://www1.deutschebahn.com/db-consulting/start (Zugriff am 28.09.2017)

Deutsche Bahn AG (7). Arbeitswelt der Zukunft. http://www.deutschebahn.com/de/Digitalisierung/arbeitviernull.html (Zugriff am 28.09.2017).

Deutsche Bahn Digital Ventures. http://deutschebahnventures.de/ (Zugriff am 06.09.2017).

Deutsche Post AG. DHL Consulting. https://dhl-consulting.com/ (Zugriff am 01.09.2017).

Eisenbahn-Bundesamt. Liste der in Deutschland genehmigten öffentlichen Eisenbahnverkehrsunternehmen. https://www.e-ba.bund.de/SharedDocs/Downloads/DE/Eisenbahnunternehmen/EVU/evu_brd.xlsx?__blob=publicationFile&v=6... (Zugriff am 09.09.2017)

Internationaler Controller Verein e.V. Finanz-Agenda 2020 des DB-Konzerns am Beispiel des Controlling. https://www.icv-controlling.com/fileadmin/Veranstaltungen/VA_Dateien/CIB/Vortraege/2014/02_14CIB_Schweisel.pdf (Zugriff am 30.05.2017).

IPM AG, 5. RAILWAY FORUM 2017, DB GOES DIGITAL, https://railwayforumberlin.de/download?utm_campaign=RFO%202017&utm_source=hs_email&utm_medium=email&utm_content=55955697&_hsenc=p2ANqtz-8st8zWGsSMNGut-Q7ZwQja7BUqEuGxUmnVt5y63nCADkGCx8gFjjvdpjtd_sFYF49jK77CNm1x3GR6ReL6eErjqHPcHlU9OXAHgrMM5CbE_vE-zaf00&_hsmi=55955697 (Zugriff am 05.09.2017).

Otto (GmbH & Co KG). Otto Group Consulting. https://www.ottogroup.com/de/innovation/Exzellenz/Otto-Group-Consulting.php (Zugriff am 01.09.2017).

Plug & Play Germany GmbH. http://beyond1435.com (Zugriff am 06.09.2017).

Union internationale des chemins de fer (UIC). Intelligent Freight Waggon. http://uic.org/cdrom/2008/10_eBusiness08/docs/3-Wilke_Railion.pdf (Zugriff am 25.08.2017).

Volkswagen AG. Volkswagen Consulting. https://www.volkswagen-consulting.de/ (Zugriff am 28.08.2017).

Abkürzungsverzeichnis

AEP	Advanced Enterprise Planning
BI	Business Intelligence
CAx	Computer-Aided - Techniken
CMMS	Computerized Maintenance Management System
CoE	Center of Excellence
CRM	Customer-Relationship-Management
DB / DB AG	Deutsche Bahn AG
DWH	Data Warehouse
E-Proc.	Electronic Procurement
EBA	Eisenbahn-Bundesamt
EIU	Eisenbahninfrastrukturunternehmen
ERegG	Eisenbahnregulierungsgesetz
ERP	Enterprise-Resource-Planning,
EVU	Eisenbahnverkehrsunternehmen
IH	Instandhaltung
IPS	Instandhaltungsplanungs- und -steuerungssystem
Kbf	Knotenpunktbahnhof
KLV	Kombinierter Ladungsverkehr
KPI	Key Performance Indicator
MES	Manufacturing Execution System
Mgmt.	Management
PDM	Produktdatenmanagement
PLM	Product-Lifecycle-Management
PPS	Produktionsplanung und -steuerung

Rbf	Rangierbahhof
SAP	Systeme, Anwendungen und Produkte in der Datenverarbeitung (Firmenname)
SAP HANA	SAP High Performance Analytic Appliance
Sat	Satellit (hier: Güterverkehrsstelle, die einem Knotenpunktbahnhof zugeordnet ist)
SCM	Supply Chain Management
SGV	Schienengüterverkehr
VS	Vorschau
zit. n.	zitiert nach

Abbildungsverzeichnis

MIX

Papier | Fördert
gute Waldnutzung

FSC® C083411

Zeitfracht Medien GmbH
Ferdinand-Jühlke-Straße 7
99095 Erfurt, Deutschland
produktsicherheit@kolibri360.de